REJSESKRIBENTEN
REJSER TIL ...

WIENs
KIRKER, KLOSTRE OG KIRKEGÅRDE

LINDA NIELSEN
REJSESKRIBENTEN

KOLOFON

Rejseskribenten Rejser Til... Wiens kirker, klostre og kirkegårde
© 2024 - Linda Nielsen / REJSESKRIBENTEN
Layout, fotos, grafik: © 2024 - Linda Nielsen / REJSESKRIBENTEN

ISBN: 978-87-4305-763-5

Sat med: PT Sans og Lithos Pro

Forlag: BoD – Books on Demand, Hellerup, Danmark
Tryk: BoD – Books on Demand, Norderstedt, Tyskland

Bogen er fremstillet efter on-Demand-proces

INDHOLDSFORTEGNELSE

Da jeg sad og skrev på den første bog om Wien, opdagede jeg, hvor meget der var at skrive om. Hvis jeg valgte at skrive det hele i samme bog, ville den blive en monstertyk bog, som ville være umulig at have med rundt. Derfor valgte jeg i første omgang at dele bogen op i fire dele, nemlig den generelle bog, også kaldet *hovedbogen*, eller *Rejseskribenten Rejser Til... Wien*, og så tre bøger mere, hvor jeg ville gå dybere med bestemte emner. Men jo længere jeg kom frem i processen med de øvrige bøger, fandt jeg det nødvendigt at give Wiens mange kirker, klostre og kirkegårde deres egen bog, som er denne bog, det er også den femte og sidste bog i rejsebogsserien om Wien. Bøgerne kan bruges hver for sig, men supplerer hinanden.

Det lyder måske kedeligt i nogens ører at læse en bog om kirker, klostre og måske en anelse makabert at læse om kirkegårde, men jo mere jeg har researchet, jo flere interessante oplysninger er der dukket op.

Før 1780erne var der langt flere kirker og klostre i Wien end der er i dag, dette skyldes, at kejser Joseph den Anden gennemførte en lang række reformer i 1780erne, herunder en kirke- og klosterreform, som førte til, at mange klostre og kirker blev opløst og lukket. En del af de tidligere klosterbygninger eksisterer stadig, men benyttes til andre formål.

Hvem ved i øvrigt, at den oprindelige kirkeklokke, *Pummerin*, i Stephansdom blev støbt af gamle tyrkiske kanoner, eller at den *nye* Pummerin er støbt med dele fra den oprindelige klokke fra 1711? Eller at kunstneren Fritz Wotruba har designet en utraditionel kirke i beton? Eller hvad med at blive klogere på, hvorfor wienerne har et afslappet forhold til døden?

Det og meget mere forsøger jeg at skrive om i denne bog, så hvem har lyst til at opdage eller genopdage Wien på nye måder med denne bog i hånden?

Sejltur på Donau

Wien har rigtigt mange kirker, jeg har slet ikke et tal på, hvor mange der er. Det er nærmest umuligt at skrive om dem alle, derfor forsøger jeg at udvælge de kirker, som jeg anser for at være kirker, der har en historie, der vigtigt at fortælle videre, også de kirker som ikke lige er så overrendte og turistede som Stephansdom. Kirken er for mange mennesker mere end blot Guds Hus. Kirkerne, store som små, er fulde af historie, arkitektoniske perler og mange steder er de også smukt dekorerede.

Jeg er ikke særlig religiøs, men kan godt lide at gå ind i en kirke, finde roen, og tænke lidt over tingene. På en af de første dage på rejsen til Wien, i 2019, kom jeg forbi Jesuitenkirche, hvor jeg ude på gaden kunne høre, at der blev spillet på orglet. Døren stod åben, så jeg listede mig ind, og fandt ud af, at de var i gang med prøverne til en koncert senere på dagen. Fantastisk oplevelse.

Der er måske mange som tror, at byens hovedkirke, Stephansdom, er den ældste, det er det ikke. Det er Ruprechtskirche, den stammer fra omkring 1100-1200-tallet, mens Stephansdom blev opført mellem 1304 og 1511. Kapuzinerkirche, fra 1600-tallet, rummer Habsburgernes gravkrypt. Kirkerne i Wien hører til blandt de mest seværdige, og øjenvidner til historien. De har været tavse vidner til krige, brande, oprør, belejringer, glæde og sorg. Desuden finder jeg kirkerne, især de katol-

ske kirker, mere interessante end de danske kirker, selvom der også findes talrige smukke danske kirker, men jeg synes bare, at der er mere guld og glimmer og ikke mindst mere at kigge på i de katolske kirker. Mange af kirkerne har smukke loftmalerier og dekorerede vinduer. Mange kirker har desuden mindesmærker fra de to verdenskrige, samt mindesmærker over faldne politifolk og brandfolk.

ALLERHEILIGENKIRCHE ZWISCHENBRÜCKEN

Vorgartenstraße 56 • 1200 Wien

Allerheiligenkirche Zwischenbrücken er en romersk-katolsk sognekirke i Brigittenau. Kirken er opført på en af de øer, som opstod i den uregulerede Donau. Øen kaldes Zwischenbrücken, da den er beliggende mellem to af de store broer over Donau. Efter opførelsen af boliger flyttede folk til øen, som alle enten var vagtsoldater på en af militærets befæstninger, toldembedsmænd, arbejdere på møllerne langs Donau eller ansatte på de to store kroer (Gasthäuser), hvor vognmænd standsede med deres hestevogne. Egentlig skulle beboerne gå til gudstjeneste, andagter og messer i sognekirken Leopoldau, men for tolderne, som var på vagt, var det en lang vej at gå, derfor søgte de om lov til at opføre et kapel, tilladelsen blev givet i 1769, og man opførte kapellet. I november 1778 udfærdigede kejserinde Maria Theresia et dokument, hvor hun donerede 2.000

Gylden til Johannes-Nepomuk-Kapelle, således at tolderne kunne afholde messer på søndage samt på helligdage. Da sognekirken blev opført i Floridsdorf blev kapellet i Zwischenbrücken en del af sognet der. Det førte til, at klostret Stift Klosterneuburg blev administrator for Maria Theresia Fonden.

Da man i 1870erne regulererede Donau forsvandt øen Zwischenbrücken og dermed også kapellet. Ejerne blev kompenseret for nedrivningen af kapellet, og klostret Klosterneuburg brugte pengene til at opføre kirken i Donaufeld. I kirken finder man våbenskjoldet fra kapellet i Zwischenbrücken, som nu er en del af 20. Bezirk, Brigittenau. I sommeren 1905 opførte man en kirke, Allerheiligenkirche, i den sydlige del af Allerheiligenpark, som er en filialkirke til Brigittakirche. Penge var der ikke mange af, så byggeriet af kirken blev meget simpel. Kirken blev tegnet af arkitekt Hans Schneider (1860-1921). Det var en et-skibet kirke på 20 x 40 meter. De fik et alterbillede, som var skabt af Joachim von Sandrart, fra Schottenkirche.

Den 7. februar 1945 blev kirken ramt under et bombeangreb og lagt i ruiner. Efter Anden Verdenskrigs afslutning blev det besluttet at holde Allerheiligenplatz fri for byggeri, i stedet blev der i årene 1949-1950 opført en ny kirke, tegnet af Josef Vytiska, i Vorgartenstraße, som er beliggende syd for Allerheiligenplatz. Kirken blev indviet af kardinal

Theodor Innitzer i marts 1950, mens kardinal Franz König kunne indvie kirkens tre nye klokker i november 1956. I kirken finder man stuk, der er udført af stukkatørerne Karl Jamböck og Leopold Kiener. Kirkens tabernakel stammer fra 1930, og alteret med relieffet *Passion* stammer fra 1931. Kirkens orgel blev bygget af Rudolf Novak i 1959-1960. Derudover finder man et vægtæppe samt et kors. Vægtæppet er skabt af kunstneren Franz Burkert i årene 1982-1983.

ALTLERCHENFELDER PFARRKIRCHE

Mentergasse 13 • 1070 Wien

Altlerchenfelder Pfarrkirche zu den Sieben Zufluchten er en romersk-katolsk sognekirke i Altlerchenfeld i 7. Bezirk, Neubau. Kirken er beliggende mellem Mentergasse og Lerchenfelder Straße, og er nem at komme til med sporvogn linie 46, stoppested Schottenfeldgasse. Omkring år 1715 blev der opført et kapel af Michael Knorr, som var kejserinde Amalies hofbager. Kapellet blev viet til den hellige Sebastian, den hellige Rochus samt den hellige Rosalie, men lokalbefolkningen kaldte kapellet for Michaelskapel efter grundlæggeren. Tilnavnet *Zu den sieben Zufluchten* kan muligvis spores tilbage til et brødreskab, som bestod af *Treenigheden* (Gud Fader, Sønnen og Helligånden), den korsfæstede Kristus er et tegn på frelse, altrets hellige sakramente, Maria (Guds Moder), skytsenglene (der er ofte tale om de tre ærkeengle, Michael, Gabriel og Raphael), de hellige (Ignatius, Barbara, Sebastian, Josef, Johannes Evangelist og Maria Magdalena. Senere også Anna, Katharina, Johannes Døberen, Johannes Nepomuk, de lokale skytshelgener eller nogle af de fjorten nødhjælpere) samt de stakkels sjæle i skærsilden. Brødreskabet *sieben Zufluchten* blev grundlagt af Jesuitermunken Tobias Lohner fra München i 1689. Efter opløsningen af Jesuiterordenen i 1773 forsvandt betydningen af Brødreskabet.

Kapellet blev udvidet i 1760, men det blev hurtigt for lille, derfor bevilligede kejserinde Maria Theresia penge til opførelsen af en kirke. Kapellet blev revet ned i 1780 og erstattet af en kirke med tårne i 1781-1782. Kirken blev ophøjet til sognekirke i 1783. I kirken var skoledirektør Ferdinand Schubert, bror til komponisten Franz Schubert, korleder. I 1843 blev det besluttet at opføre en ny kirke, byggeriet begyndte i 1848, men efter talrige protester, blandt andet fra Ingeniør- og Arkitektforeningen, blev byggeriet stoppet. Paul Sprenger, som oprindeligt havde fået opgaven, blev frataget ledelsen af byggeriet. Efter en arkitektkonkurrence, hvor otte arkitekter deltog, valgte man schweizeren Johann Georg Müller (1822-1849). Efter Johann Georg Müllers tidlige død blev byggeriet af kirken ledet af Eduard van der Nüll, senere overtog Franz Sitte byggeriet, og endeligt den 29. september 1861 stod den nye kirke klar til indvielse. I kirken

er der en række skulpturer, som er skabt af billedhuggerne Johann Preleuthner samt Josef Gasser. Alterbilledet af de syv bibelske personer er skabt af kunstnerne Leopold Kupelwieser, Leopold Schulz, Karl von Blaas, Karl Mayer, Franz Josef Dobiaschofsky, Eduard von Engerth, J. Binder, Josef Schönmann og Josef Plank, mens glasmaleriet er skabt af Carl Geyling. Kirkens orgel blev bygget af orgelbygger Alois Hörbiger i 1860, mens orgelhuset er skabt af Eduard van der Nüll. Orglet blev renoveret i 1955 og ændret af orgelbygger Philipp Eppel i 1964.

ALTMANNSDORFER KIRCHE
Khleslplatz 10 • 1120 Wien

Altmannsdorfer Kirche er en romersk-katolsk kirke i 12. Bezirk, Meidling, som er viet til den hellige Oswald. Der lå allerede et lille kapel, Oswaldkapelle, i den daværende forstad Altmannsdorf syd for Wien tilbage i 1290. I 1422 blev der opført et nyt kapel, der sammen med lenet Altmannsdorf, en landbrugsejendom samt tilhørende marker blev overtaget af munkeordenen *de beskoede Augustiner, Den Beschuhten Augustinern*, efter den tidligere ejer, Erhart Griesser, testamenterede sin ejendom til dem. Under de to tyrkiske belejringer, 1529 og 1683, blev kapellet ødelagt, men genopført. Kapellet hørte indtil 1783 til sognet i Atzgersdorf, men blev herefter til et selvstændigt sogn, som også fik deres egen kirkegård. Kapellet var i dårlig stand og opfyldte ikke de krav, som det krævede at være sognekirke. Det daværende kirketårn af træ blev erstattet af et tårn af sten i år 1800.

Munkeordenen blev opløst i 1812 og herreskabet af området blev overtaget af Johann Baptist Hoffmann i 1818. Johann Baptist Hoffmann nægtede i første omgang at stille de nødvendige midler til rådighed til opførelsen af en ny kirkebygning. Men til sidst gav han sig, dog på en betingelse... der skulle bygges et særskilt galleri i kirken til ham og hans familie, da han ikke ville sidde sammen med de fattige teglarbejdere og deres familier, som udgjorde størstedelen af landsbyens sparsomme befolkning. Men pludselig vandt han en betydelig sum penge i et lotteri, og han ombestemte sig og opførte herefter en ny kirke for egen regning. Det gamle kapel blev revet ned i 1838, og mod nordøst blev den nye kirke opført. Kirken blev tegnet af arkitekt Franz Lößl, mens Altmannsdorfs første borgmester, Wenzel Hornek, var byggeleder på kirkebyggeriet, som stod på mellem 1838 og 1839. Kirken er siden hen blev renoveret i 1873, 1926 samt i 2002-2004.

Kirken *Zum Heiligen Oswald* er beliggende i den historiske bykerne af Altmannsdorf, midt på den trekantede Khleslplatz. Kirketårnet er beliggende mod nord, hvor man også finder statuerne af den hellige Johannes Døberen og Anna med Barnet i hver deres nische. De to figurer er hentydninger til Johann Baptist Hoffmann og hans fromme hustru Anna Stiberger, der havde Johannes Døberen og Anna som skytshelgener. Over indgangen til kirken finder man inskriptionen: *Durch die Wohltätigkeit des angesehenen Herrn Johann Baptist Hoffmann und seiner frommen Frau Anna Stiberger errichtet*, dansk: *Bygget gennem velgørenhed af den respekterede hr. Johann Baptist Hoffmann og hans fromme hustru Anna Stiberger*. Ved siden af kirken finder man præstegården, den oprindelige gård blev i 1736 overtaget af Augustinermunkene, som blev omdannet til en præstegård i 1783. I midten af det 19. århundrede var gården kortvarigt et fattighjem. I 1859 byggede man et ny præstegård. Over indgangen til præstegården finder man to figurer, den hellige Jomfru Maria og Josef med barnet (Jesus), som oprindeligt var at finde ved kirken.

ANNAKIRCHE
Annagasse 3 B • 1010 Wien

Man mener, at Annakirche blev opført et sted i 1300-tallet, men en brand raserede kirken i 1700-tallet, hvorefter den blev genopført i barokstil. Kirken er blandt de smukkeste i indre by, da kirkens farverige fresker er malet af kunstneren Daniel Gran (1694-1757) i 1751. Freskerne forestiller den hellige Anna, der var mor til Jomfru Maria. Kirkens alterbillede er skabt af den østrigske kunstner Kremser Schmidt, Martin Schmidt (1718-1801), der stammede fra en landsby i nærheden af Krems, deraf navnet Kremser Schmidt, som bedst kan oversættes til Schmidt fra byen Krems.

ANTONSKIRCHE
Antonsplatz • 1100 Wien

Antonskirche er en romersk-katolsk kirke, som er viet til den hellige Antonius von Padua. Indtil slutningen af det 19. århundrede eksisterede der blot en enkelt kirke i Favoriten. Det var sognekirken på Keplerplatz, men i takt med, at der blev flere og flere indbyggere i Favoriten, blev kirken for lille, og behovet for endnu en kirke opstod. Ærkebiskoppen havde blot et ønske, og det var, at kirken skulle opkaldes efter den hellige Antonius von Padua. Grundstenen til den nye kirke, Antonskirche, blev lagt den 10. november 1896, man formoder, at det var kejser Franz Joseph, der lagde stenen. Det tog seks år at opføre kirken, og i 1902 kunne man indvie kirken, som var tegnet af arkitekt Franz von Neumann. Arkitekten skulle eftersigende have fundet inspiration til Antonskirche fra Markusdom i Venedig. I kirken finder man Antoniusaltret, der har en statue af den hellige Antonius, som Ferdinand Stuflesser skabte. Antoniusaltret skulle eftersigende have en seks centimeter lang knogle fra den hellige Antonius ribben.

Under Anden Verdenskrig blev Antonskirche ramt af bomber den 6. november 1944 samt den 11. december 1944, som efterlod kirken stærkt ødelagt. Lige efter krigens afslutning gik man i gang med at genopbygge kirke, som dog først blev afsluttet i 1961. Pr. 1. november 2015 var det slut med at være selvstændig sognekirke. Kirken hører i dag under sognet Göttliche Barmherzigkeit og sognekirken Pfarrkirche Königin des Friedens, som er beliggende i Buchengasse i 10. Bezirk.

AUFERSTEHUNGSKIRCHE
Lindengasse 44 • 1070 Wien

Den evangelisk-lutheranske kirke *Auferstehungskirche* er beliggende i Lindengasse i 7. Bezirk, Neubau. Kirken blev opført mellem 1959 og 1962 efter arkitekterne Friedrich Rollwagen og Henry Lutz' tegninger. Kirken er en del af en beboelsesejendom. I den ene side af kirken finder man tolv farverige glasmosaikvinduer, der er skabt af maleren Dietmar Tadler.

AUGUSTINERKIRCHE
Augustinerstraße 3 • 1010 Wien
www.augustinerkirche.augustiner.at

Den gotiske kirke, Augustinerkirche, stammer fra 1349. Kirken er en del af Hofburg, som siden midten af det 17. århundrede har været kejserfamiliens kirke. Flere medlemmer af Habsburgerslægten er enten blevet døbt eller gift i kirken. Mellem 1618 og 1878 blev en del af de afdøde familiemedlemmers hjerter begravet ved foden af Jomfru Maria, der står i en af kirkens sidekapeller, Georgskapelle, mens resten af deres legemer blev begravet i Kaisergruft. Stedet,

9

hvor hjerterne blev begravet, kaldes også for *Herzgrüfterl*. I dag kan man finde 54 urner med hjerter fra Habsburgerslægten. I Augustinerkirche finder man desuden ærkehertuginde Marie Christines, datter af kejserinde Maria Theresia, marmorgravmæle. Marie Christine var gift med Albert af Sachsen-Teschen. Gravmælet blev udført af Antonio Canova i år 1800. Over porten til gravmælet står der skrevet *Alberts allerbedste hustru*. Hver søndag samt på helligdage, klokken 11.00, opføres der værker af komponisterne Haydn, Mozart samt Schubert i kirken. Rundvisninger gives om søndagen efter gudstjenesten. Indgang til kirken sker fra Josefsplatz.

BARBARAKIRCHE
Postgasse 8-12 • 1010 Wien

Barbarakirche er den græsk-katolske menigheds hovedkirke i Østrig, derudover fungerer kirken også som sognekirke for den ukrainske menighed, kirke for den tysksprogede græsk-katolske menighed samt den centrale sognekirke for andre byzantinske troende i Østrig. Kirkens historie kan spores tilbage til år 1573, da man opførte et kapel til Jesuiterkollegiet. Kapellet blev viet til den hellige Barbara. Kollektiv og kapel blev ombygget i 1652-1654. I 1773 blev Jesuiterordenen opløst, hvorefter kejserinde Maria Theresia gav kollektivet til den græsk-katolske kirke, som benyttede det til seminarer, og stedet ændrede navn til *Barbareum*. Da flere lande i monar-

kiet, særligt Galicien, havde en lang række troende i den forenede kirke, blev det besluttet at flytte præsteuddannelsen til Wien, og forbedre den væsentligt. På den måde opstod den første ukrainske sognekirke udenfor Ukraine, det var i året 1784.

I 1842 kom der planer om at rive den tidligere fritstående kirke ned for at give plads til en ny hovedpostcentral, og flytte menigheden til kirken Sankt Johann Nepomuk i Praterstraße. Disse planer blev dog hurtigt taget af bordet, og i stedet blev kirken integreret i den nye postcentral, og kirken fik i den forbindelse en ny facade. Fra 1852 til 1892 fungerede kirken også som den græsk-katolske kirkes seminarium. I 1930erne kom snakken igen om at flytte kirken for at give plads til udvidelsen af postcentralen. Men da Østrig blev annekteret i marts 1938 blev disse planer atter skrinlagt.

Michaelerkirche

Den 15. januar 1945 blev kirke ødelagt under et bombeangreb. Efter Anden Verdenskrigs afslutning betalte postvæsnet, som ejede hele bygningen, for en renovering af kirken. Kirken har et international kendt ukrainsk kirkekor, som har indspillet flere plader. I 1979 offentliggjorde det østrigske postvæsen, Österreichische Post, et særligt julefrimærke med et maleri med Jesus' fødsel, som Moses Subotić malede til kirken Sankt Barbara i 1775.

BEDEHUS MARPE LANEFESH
Spitalgasse 2, Hof 6 • 1090 Wien

Bedehuset Marpe Lanefesh blev oprindeligt tegnet til de jødiske patienter på det daværende hospital AKH af arkitekten Max Fleischer i 1903. På grund af bedehusets placering på hospitalets område, blev det forskånet for at blive brændt ned i forbindelse med Krystalnatten den 9. november 1938. Inventaret blev dog ødelagt til ukendelighed. Bedehuset fungerede som transformerstation fra 1947 til år 2000. I år 2000 valgte man at indrette rummet til et erindringsrum, hvorefter det blev åbnet op for offentligheden under navnet *Marpe Lanefesh*, som er det hebraiske ord for *sjælens heling*. Mindesmærket findes i sjette gård ved det gamle hospital AKH.

BERGKIRCHE RODAUN
Rodauner Kirchenplatz 2 • 1230 Wien

Bjergkirken Rodaun er en barok romersk-katolsk kirke beliggende i bydelen Rodaun i 23. Bezirk, Liesing. Kirken er beliggende på en 267 meter høj bakke i dalen ved Liesingbach i nærheden af Schloß Rodaun. Kirken er viet til den hellige Johannes Døberen. Den oprindelige kirke kan spores tilbage til før 1683, men den blev ødelagt under den anden tyrkiske belejring i 1683. Efter belejringen blev der opført en beskeden kirke, som i 1739-1745 blev erstattet af den nuværende bjergkirke. Kirken blev indviet den 23. juni 1745, og grundlæggeren af kirken var den tidligere ejer af lenet Rodaun, Eleonore von Sauberskirchen. Kirken blev tegnet af byggemester Johann Enzenhofer. Kirken har et 35 meter højt kirkerum. Kirken blev i 1783 ophøjet til en selvstændig sognekirke, indtil da havde kirken tilhørt sognet Perchtoldsdorf. Bjergkirken slap uskadt gennem Anden Verdenskrig. I 1954 blev sognekirken Rodaun indviet, og bjergkirken mistede prædikatet som selvstændig sognekirke.

BREITENFELDER PFARRKIRCHE
Bennogasse 21 • 1080 Wien

Breitenfelder Pfarrkirche, som er viet til den hellige Franz von Assisi, er en romersk-katolsk sognekirke i kvarteret Breitenfeld. I 1835 blev det besluttet, at man ville opføre en mindekirke til ære for den netop afdøde kejser Franz den Første. Kirken skulle opføres i forstaden Breitenfeld, men grundejeren Karl Georg Gaber var modstander af, at han skulle afgive jord så kirken kunne opføres. Et af hans argumenter var, at Breitenfeld var en lille landsby uden megen betydning. Det var først da kejserens enke, Karolina Augusta, raslede med pengekassen, at Karl Georg Gaber gav sig. Det var også ham der stod i spidsen for grundlæggelsen af kirkebyggerforeningen i 1839, en forening der stod for at samle penge ind til den kirke, som han i starten var modstander af.

Det var blot et mindre problem... hverken ærkebiskoppen eller klostret Schottenstift bakkede op om kirkebyggeriet. Derfor skulle man helt frem til 1886 før der blev udskrevet en arkitektkonkurrence, på dette tidspunkt var både Karl Georg Gaber og kejserinde Karolina Augusta døde. I 1887 kunne kejser Franz Joseph den Første afsløre vinderprojektet, som var tegnet af arkitekt Alexander Wielemans. Nedlæggelsen af grundstenen skete i 1894 med deltagelse af kejseren og ærkebiskoppens kardinal Anton Josef Gruscha.

Kirken blev indviet den 18. juni 1898, men blev svært ødelagt under Anden Verdenskrig, og gennemgik en renovering fra 1947 til 1958. Den seneste gennemgribende renovering skete mellem 1989 og 1998, og blev klar til kirkens 100 års jubilæum. Kirken har plads til et sted mellem 2.000 og 2.400 personer. Orglet er det næststørste i Wien, det største finder man i Stephansdom. Orglet blev oprindeligt bygget til domkirken i Innsbruck, men da de fik et nyt orgel, blev det gamle nænsomt taget ned og fragtet til Breitenfeld. Det består af cirka 5.000 piber og 56 registre.

BRIGITTAKAPELLE

Forsthausgasse • 1200 Wien

Brigittakapelle blev opført et sted mellem 1645 og 1651, tegnet af Philiberto Lucchese. Kapellet blev opført som en ottekantet bygning med telttag, og tjente oprindeligt som andagtskapel for jagt- og toldpersonalet. Der er tilknyttet en legende til kapellet, en legende der opstod i slutningen af Trediveårskrigen (1618-1648), hvor svenske tropper indtog den strategisk vigtige Wolfsschanze i april 1645. Ærkehertug Leopold Wilhelm, bror til kejser Ferdinand den Tredje, samlede sine tropper og i slutningen af maj 1645 lykkedes det dem at generobre bolværket. Det var legenden om kuglemiraklet, som siden hen er blevet historisk bevist som delvis sandfærdig. Der er dog lidt rod med datoerne for historien. Datoen for kampene på Wolfsschanze var den 29.- 30. maj, mens Sankt Brigittas dag først er den 8. oktober.

Legenden lyder således:
Under en artilleriduel omkring Wolfsschanze skød fjenden, på Brigittatag, ind mod de østrigske troppers lejr, og en fjendtlig kanonkugle trængte ind i ærkehertug Leopold Wilhelms telt. Til al held var ærkehertugen netop gået på knæ for at bede, så han slap uskadt. I taknemmelighed for at slippe uskadt,

lovede han at bygge et kapel på stedet. Ideen til kapellets ottekantede form skulle angiveligt være kommet fra formen på ærkehertugens telt.

Over indgangen til kapellet finder man et solur, hvor der står, at kejser Ferdinand den Tredje er grundlæggeren af kapellet. Soluret fortæller også historien om kejseren, der på dette sted mødte en kurer i 1648, som medbragte budskabet om der var indgået en fredsaftale i Osnabrück. Det var denne besked, som fik kejseren til at få det eksisterende kapel ombygget til skovarbejderne. Inde i kapellet finder man et alterbillede, der forestiller ærkehertug Leopold Wilhelm foran den hellige Brigitta. Alterbilledet stammer fra midten af det 17. århundrede. I kuplen finder man et loftsmaleri der fortæller historien med ærkehertugen og kuglemiraklet, maleriet er malet af Andreas Groll i 1903, og restaureret i 1958 af Max Heilmann.

Under Anden Verdenskrig, mere præcis i 1944, blev området rundt om kapellet ramt af tre luftbomber. Kapellets vinduer blev ødelagt, mens tag og inventar blev ødelagt. I april 1945 blev kapellet benyttet som ligkapel for tyske soldater fra Waffen-SS, 2. SS-Panserkorps. Den 13. april 1945 belejrede de sovjetiske soldater det gamle skovridderhus og bragte deres døde kammerater til kapellet. To dage senere blev to tyske SS-soldater skudt og dræbt foran altret af soldater fra den sovjetiske Røde Hær. Kapellet blev renoveret i 1958 og genindviet. I 1975 blev der givet lov til, at den russisk-ortodokse menighed i Wien kunne afholde gudstjenester i kapellet. Kapellet bliver i dag benyttet af den georgisk-ortodokse menighed, og kaldes også for *Kirche zum Heiligen König David der Erneuerer*, dansk: *Den hellige kong David den Fjerde af Georgiens kirke.*

BRIGITTAKIRCHE
Brigittaplatz • 1200 Wien

Brigittakirche er en romersk-katolsk kirke, der er opført efter arkitekt Friedrich von Schmidts tegninger, manden der også tegnede Wiens Rådhus. Kirken er viet til den hellige Brigitta. Allerede i 1846 kom ønsket fra byrådet i Leopoldstadt, at de ønskede at få opført en sognekirke i Brigittenau. I 1867 lykkedes det fyrsteærkebiskop kardinal Joseph Othmar von Rauscher at få en grund af Stift Klosterneuburg, hvor der kunne opføres en kirke. I december 1867 gav byrådet i Wien tilladelse til opførelsen af kirken. Byggeriet stod på fra 1868 til 1874, og den 30. maj 1874 blev den sidste sten lagt og dagen efter blev kirken velsignet af fyrsteærkebiskoppen, og få dage senere blev kirken viet til den hellige Brigitta. Brigittenau var indtil 1906 en del af 2. Bezirk, Leopoldstadt, og i 1939 blev sognet omkring kirken gjort mindre, da forløberen for kirken St. Johann Capistran blev ophøjet til sognekirke med eget sogn. Brigittakirche og sognegård blev den 22. marts 1945 ramt af luftbomber, og blev svært ødelagt. Efter krigen blev kirke og sognegård genopbygget, og i 1948 kunne man tage det i brug igen. I 1972 blev kirke og sognegård ødelagt under et jordskælv. Sognegården blev efterfølgende revet ned, mens man i 1973-1974 renoverede kirken. I juni 1998 blev nonnen Maria Restituta saligkåret som martyr, på højre sidealter finder man et portræt af nonnen, som oprindelig hed Helene Kafka, da hun modtog sin første nadver og konfirmationssakramente i netop denne kirke. *Læs mere om Maria Restituta på side 98 i denne bog.*

CANISIUSKIRCHE
Lustkandlgasse 34-38 • 1090 Wien

Canisuiskirche, som er at finde i Himmelpfortgrund i 9. Bezirk, Alsergrund, er en romersk-katolsk kirke fra slutningen af det 19. århundrede. Kirken er opført i stilen Historisme efter planer af Gustav Ritter von Neumann. Den 18. oktober 1903 kunne man indvie kirken med deltagelse af kejser Franz Joseph. Kirkens tårne er 85 meter høje, kirken er dermed Wiens fjerde højeste, og den højeste bygning i Alsergrund. Den nærliggende præstebolig, som tidligere var Jesuitternes ordenshus er i dag et kollege for studerende, dog stadig ejet af Jesuitterne. Kirken er viet til Petrus Canisius, som var prædikant, biskoppens højre hånd samt administrator for det katolske bispedømme i Wien fra 1554 til 1555. Kirken benyttes også af den afrikansk-frankofonske menighed, den japanske, brasilianske samt den indonesiske menighed. Desuden bruger hjælpeorganisationen Caritas Wien kirken til uddeling af fødevarer til de fattige og hjemløse i Wien.

CHRISTKÖNIGSKIRCHE
Vogelweidplatz 7 • 1150 Wien

Kirken Christkönigskirche, der også kaldes for *Seipel-Dollfuß-Gedächtniskirche*, er en romersk-katolsk filialkirke i Rudolfsheim-Fünfhaus, 15. Bezirk. Kirken, som er beliggende på området som kaldes Schmelz, blev opført i 1933. Initiativet til opførelsen af kirken blev taget af grundlæggeren for Caritas og politikeren Hildegard Burjan. Det skulle være en mindebygning til den tidligere Forbundskansler Ignaz Seipel, som var død i august 1932. Der blev skabt et udvalg, som Hildegard Burjan og arkitekt Clemens Holzmeister var medlemmer af. Bygherren var Hildegard Burjans sociale hjælpeforening, Caritas. I februar 1933 var financieringen på plads, og området Schmelz blev valgt, da Dr. Ignaz Seipel havde boet i nærheden. Arkitekt Clemens Holzmeister udarbejdede materialet til den arkitektkonkurrence, som skulle afholdes. Kirkebyggeriet skulle indeholde et gravkapel, et mindetårn, en kirkebygning samt en park rundt om kirken.

Arkitektkonkurrencen blev udskrevet i foråret 1933, hvor Clemens Holzmeister, Alexander Popp, Robert Kramreiter og Karl Holey deltog. Der blev dog ikke nedsat en jury til udvælgelsen af en vinder. De første udkast til kirkebyggeriet, som var tegnet før udskrivelsen af konkurrencen, blev afvist af Clemens Holzmeister på grund af talrige kritiske stemmer. I maj 1933 blev Clemens Holzmeisters forslag valgt, og i slutningen af juli 1933 lagde Engelbert Dollfuß grundstenen til kirken. Den 17. september 1934 kunne Fritz Stockinger ligge den sidste sten. Hvorfor ikke Engelbert Dollfuß? Jo, svaret er simpelt... Engelbert Dollfuß var i mellemtiden død, dræbt under et oprør i juli 1934. Derfor blev det besluttet at navngive kirken *Dr.-Seipel-Dr.-Dollfuß-Gedächtnisbau*, så kirken ikke blot var til minde om Dr. Ignaz Seipel, men var også til minde om Dr. Engelbert Dollfuß. Et ønske som Engelbert Dollfuß' enke, Alwine Dollfuß, havde haft. Alwine Dollfuß havde også været medlem af byggekomitéen og medlem af Caritas. Efter Hildegard Burjans død overtog Alwine Dollfuß i øvrigt hendes post i hjælpeorganisationen. I slutningen af september 1934 blev kirken indviet med navnet Christkönigskirche. I 1935 blev kirken en selvstændig sognekirke.

DOMINIKANERKIRCHE
Postgasse 4 • 1010 Wien

Dominikanerkirche kaldes også for Sankt Maria Rotunda, den blev oprindelig opført i 1237. Den nuværende kirke er den tredje på samme sted. Den første kirke brændte ned i 1283. Kirke nummer to stod klar i 1302 og kirkens kor blev viet til kardinal Nikolaus Boccasini, den senere Pave Benedikt den 11. Under den første tyrkiske belejring, i 1529, blev store dele af kirken revet ned, for at få byggemateriale nok til at forstærke bymuren. I 1631 lagde kejser Ferdinand den Anden grundstenen til den nuværende kirke. Kirken stod færdig i 1634, dog blev kuppel og facaden først færdig et sted mellem 1666 og 1674. På dette tidspunkt var Dominikanerkirche den anden største kirke i Wien, kun overgået af Stephansdom. Det er en romersk-katolsk sognekirke. Til kirken hører også et kloster, som tilhører Dominikanerordenen, som siden 1226 har været at finde i Wien.

DREIFALTIGKEITSKIRCHE
Alxingergasse 6 • 1100 Wien

I nærheden af Waldmüllerpark finder man den romersk-katolske Dreifaltigkeitskirche, som er viet til den hellige Philomena. Kirken blev opført mellem 1913 og 1914, og ophøjet til sognekirke i 1942. Kirken er beliggende i et kompleks, der også indeholder et tidligere kloster, sognekontor, skole og børnehave.

ELISABETHINENKIRCHE
Landstraßer Hauptstraße 4A
1030 Wien

Elisabethinenkirche zur heiligen Elisabeth er en klosterkirke ved kloster og sygehus St. Elisabeth i 3. Bezirk, Landstraße. Da man i 1710 ombyggede Bartolottischen Häuser stiftede den kejserlige familie i den forbindelse en fond, der støttede opførelsen af en lille trækirke. Kirken blev indviet i 1711. I 1718 blev der ved kirken opført et hospital, tegnet af byggemester Franz Jänggl. Området blev ramt af oversvømmelser i 1741, som ødelagde kloster, kirke og hospital. I 1743 blev klostret ombygget og man opførte en ny kirke, som blev tegnet af arkitekt Franz Anton Pilgram. Grundlæggeren af kirken var ærkebiskop Emmerich Esterházy. Kirken var færdigbygget i 1748, og i 1749 kunne man indvie kirken, og samme år blev der åbnet et apotek, som var grundlagt af kejserinde Maria Theresia. Kirkens orgel blev bygget i 1898 af orgelbygger Johann Marcell Kauffmann. Kirken har i alt tre klokker, den ældste blev støbt i 1710 af Johann Achamer, den næstældste stammer fra 1748 og støbt af Josef Solonati, mens den nyeste klokke stammer fra 1948 og støbt af Josef Pfundner.

Elisabethinderne er en nonneorden, der kom til Wien fra Graz i 1709, inviteret af grevinde Maria Leslie, fra adelsslægten Liechtenstein. Nonnerne blev ved ankomsten i Wien anbragt i huset *Zum schwarzen Ochsen* (den sorte okse), der lå i Ungargasse 37, 3. Bezirk. Senere hen blev de indkvarteret hos Doktor Thron. Fyrstinde Montecuccoli købte et hus til nonnerne, som dedikerede sig til pleje af fattige og syge kvinder. Det var kejserinde Eleonore, enke efter kejser Leopold den Første, fyrstinde Montecuccoli samt adelsslægten Liechtenstein, der gjorde det muligt

---

Andrea Pozzo

Andrea Pozzo var en sand mester i at snyde øjet, dette skyldes at han benyttede trompe l'oeil effekter når han malede. Læs om trompe l'oeil på side 29 i denne bog.

at bygge en kirke, et kloster samt et hospital.

FRANZISKANERKIRCHE
Franziskanerplatz 4 • 1010 Wien

Franziskanerkirche blev opført i 1607. Kirkens hovedalter, der har form som en triumfbue, er skabt af Andrea Pozzo i 1707, sidealtret i venstre side indeholder relikvier af den hellige Hilaria. Relikvierne er skjult i en livagtig voksfigur, som var moderne i 1700-tallet.

FRANZ-VON-ASSISI-KIRCHE
Mexikoplatz 12 • 1020 Wien

Franz-von-Assisi-Kirche, Pfarrkirche zum Heiligen Franz von Assisi, Kaiserjubiläumskirche eller Mexikokirche er en og samme kirke. Det er en romersk-katolsk kirke i 2. Bezirk, Leopoldstadt, ikke langt fra Donau. Da man havde gennemført den første regulering af Donau i 1870-1875 opstod der hurtigt en beboelse her, men der manglede en kirke. Derfor blev det, i 1898, besluttet at der skulle opføres en kirke ved Donau. Pengene til opførelsen af kirken skulle komme fra indsamlinger, og samtidig være en gave til kejser Franz Joseph i forbindelse med hans 50 års regeringsjubilæum i 1898.

Kirken blev tegnet af arkitekt Victor Luntz, der havde fundet inspiration i kirken Groß Sankt Martin i Köln. Grundstenen til kirken blev lagt den 10. juni 1900 af fyrstærkebiskop Anton Josef Gruscha foran kejseren og hundrede tusind tilskuere. I kirken finder man også et mindekapel for kejserinde Elisabeth, Sisi. Pengene til hendes kapel kom fra Røde Kors, da kejserinden havde været deres protektor. Kapellet stod færdig i 1907 og indviet den 10. juni 1908, dog så kejser Franz Joseph først kapellet under indvielsen af resten af kirken i 1913.

Den sidste sten blev lagt præcis den 10. juni 1910, og den 2. november 1913 blev kirken indviet. Helt færdig var kirken dog ikke, for da Første Verdenskrig brød ud, gik arbejdet i stå, og færdiggørelsen af kirken blev først genoptaget efter krigen. Siden 1928, med virkning fra juli 1921, har kirken fungeret som sognekirke. Kirkens tre tårne er 73 meter høje. Kirken er beliggende i nærheden af stationen Vorgartenstraße på U-banelinien U1, hvis man tager til stationen Donauinsel, skal man blot over broen for at komme til kirken. Kirken er en af de mest indtryksfulde kirker i Wien, den ligger i Mexikopark ved Mexikoplatz, ikke langt fra Donau.

GARDEKIRCHE
Rennweg • 1030 Wien

Gardekirche blev opført på Rennweg i 1754-1763. Kirken var oprindeligt en del af det såkaldte Kaiserspital, som senere blev anvendt som livgardens kaserne. Kirken kaldes også for *Polnische Kirche*, den polske kirke, og anvendes af den polske katolske menighed, gudstjenesterne afholdes hovedsageligt på polsk.

Franz-von-Assisi-Kirche

GEORGSKIRCHE

Griechengasse 5 • 1010 Wien

Georgskirche, som også kaldes for *Griechenkirche St. Georg, den græske kirche St. Georg*, er beliggende i 1. Bezirk, indre by, på Hafnersteig i det område, som tidligere blev kaldt for det græske kvarter, Griechenviertel. Det kirkelige samfund ved St. Georg kirken er det økumeniske patriarkat i Konstantinopels (nutidens Istanbul i Tyrkiet) repræsentant i den græsk-orientalske kirke i Østrig, mens den græske Treenighedskirke på Fleischmarkt er hovedkirken for den græsk-ortodoxe menighed i Østrig.

Sognet St. Georg indrettede i 1709 et lille græsk kapel i huset, som var ejet af Alexandros Mavrokordatos. I 1723 fik menigheden lov af kejseren til at opføre en kirke i Wien. Men man skal dog helt frem til 1802 før det lykkedes menigheden at købte kroen *Küss den kleinen Pfennig*, hvor de endeligt kunne opføre deres kirke i 1806. Det var arkitekt Franz Wipplinger som tegnede kirken. I modsætning til menigheden i den græske Treenighedskirke, *Griechenkirche zur heiligen Dreifaltigkeit*, som var græsk-troende tilhængere af den østrigske kejserslægt Habsburgerne, var menigheden i Sankt Georgs kirke tilhængere af det osmannske imperium. I 1898 gjorde donationer det muligt at gennemrenovere kirken og opføre et klokketårn, som blev tegnet af arkitekt Ludwig Tischler og byggemester Johann Sturany. Den restaurerede kirke stod klar til genindvielse i december 1898. Blandt donorerne var den græsk-østrigske virksomhedsejer Nikolaus Dumba, Georg Simon von Sina samt tsar Nikolaus den Første af Rusland. Under Anden Verdenskrig blev de udvendige blyglasvinduer ødelagt, som delvist blev erstattet med kopier efter krigen. Indgang til kirken sker via Griechengasse.

GRADNER-KAPELLE

Ludwig-von-Höhnel-Gasse 2
1100 Wien

Gradner-Kapelle eller Gradinger-Kapelle er at finde ved Laaerbergbad i 10. Bezirk, Favoriten. Det lille kapel blev opført i 1828 af Johann Gradinger som tak for at have overlevet en ulykke, næsten uskadt, da hans heste var blevet skræmt af et eller andet på Laaer Berg, hvorefter de var løbet væk. Kapellet stod, indtil 1959, på hjørnet af Favoritenstraße og Ludwig-von-Höhnel-Gasse, men da gaden skulle ombygges, blev kapellet flyttet nogle meter mod øst, inden det i 1973 blev flyttet til dets nuværende placering. Det er ikke originalen, som man kan opleve, men en kopi, da originalen var i dårlig stand. Det lille kapel er et muret kapel, hvor der i nichen, bag et gitter, står en hvid madonnafigur, *Madonna von Banneux*. Banneux er et pilgrimssted i Belgien i nærheden af Liège. Indvielsen af det oprindelige kapel blev foretaget den 24. oktober 1959 af rektor Georg Jacob fra Banneux.

GRIECHENKIRCHE ZUR HEILIGEN DREIFALTIGHEIT
Fleischmarkt 13 • 1010 Wien

Griechenkirche zur Heiligen Dreifaltigheit er en græsk-ortodoks kirke i 1. Bezirk, Innere Stadt. Kirkens historie kan spores tilbage til 1782, da Stockhammersche Haus blev ombygget til en græsk kirke. Den græsk-ortodokse menighed blev grundlagt i 1787 efter kejser Joseph den Anden, i 1781, havde underskrevet et dekret, et tolerancepatent, som gav plads til forfulgte troende i Wien. Menigheden i denne kirke var tilhængere af den østrigske kejserslægt Habsburgerne, mens menigheden i Sankt Georgs kirke var tilhængere af det osmannske imperium. Menigheden erhvervede i 1837 et grundareal, som grænsede op til Sankt Marxer Friedhof, hvor de indrettede deres egen kirkegård.

Den græske kirke - Griechenkirche

Det var den græsk-østrigske virksomhedsejer Georg Simon von Sina, som hentede den danske arkitekt Theophilus E. von Hansen i Athen, da han ønskede, at den danske arkitekt skulle planlægge sine forretningsbyggerier i Wien. En af opgaverne, som Georg Simon von Sina gav Theophilus E. von Hansen var at ombygge den græsk-ortodokse kirke på Fleischmarkt, som Peter Mollner havde indrettet i 1782-1787. Ombygningen af kirken startede i 1856, og i december 1858, præcis den 21. december, blev kirken genindviet. Theophilus E. von Hansen fortsatte arbejdet med kirken indtil 1861, hvor der blandt andet blev bygget et ottekantet tårn med et kuppellignende tag. Theophilus E. von Hansen havde studeret byzantinsk kunst i Athen, men tegnede og byggede i nordisk klassicisme, men ofte med et græsk præg. Det var opgaverne for Georg Simon von Sina der førte til, at Theophilus E. von Hansen fik flere og flere opgaver i Wien, en af dem var Parlamentsbygningen langs den nye Ringstraße. Siden 1963 har kirken på Fleischmarkt fungeret som katedral for den græsk-ortodokse menighed i Østrig. Kirken rummer desuden en skole samt et bibliotek.

GUSTAV-ADOLF-KIRCHE
Lutherplatz • 1060 Wien

Gustav-Adolf-Kirche er en evangelisk-luthersk kirke i Gumpendorf, som er en del af 6. Bezirk, Mariahilf. Kirken er den første kirke som blev opført i forstæderne mellem den

19

befæstede bymur rundt om Wien og Linienwall. Kirken blev opført mellem 1846 og 1849, tegnet af arkitekt Ludwig Förster, som fik assistance fra sin svigersøn, den danske arkitekt Theophilus E. von Hansen. Da kirken ikke var en katolsk kirke, var det ikke tilladt at bygge et klokketårn. Over de fire sideindgange finder man portrætmedaljoner af Ulrich von Hutten, Théodore de Bèze, Ulrich Zwingli samt Johannes Calvin. I kirken finder man desuden skulpturere af de tolv apostle, portrætbuster af Martin Luther og Philipp Melanchthon samt træskulpturer af Ludwig van Beethoven og Wolfgang Amadeus Mozart. Døbefonten blev skabt af Theophilus E. von Hansen i 1851. Orglet blev bygget af orgelbygger Carl Hesse i 1848, og udvidet af Karl Klimt i 1951. Da kirken blev indviet i 1849 blev den kaldt for Zwölf-Apostel-Kirche, de 12 apostles kirke. Men kirken blev i 1923 opkaldt efter den svenske kong Gustav den Anden Adolf. Pladsen foran kirken blev i 1983 navngivet Lutherplatz i anledningen af 500 året for Martin Luthers fødsel.

GÖPPELKREUZ-KAPELLE
Ludwig-von-Höhnel-Gasse 17-19
1100 Wien

Ved Neulandschule Laaerberg i Ludwig-von-Höhnel-Gasse, 10. Bezirk, finder man et lille kapel. Det er Göppelkreuz-Kapelle eller Göpelkreuz-Kapelle. Det stammer fra 1693, og blev opført som tak for redningen af møllemester Johann Georg Göppel, hvis vogn under et uvejr blev ramt af et lyn. Møllermester Göppels medhjælper og heste blev ramt af lynet, og vognen, som var ladet med

Jesuitenkirche

20

strå, brændte ud. Kapellet stod oprindeligt i Laaer-Berg-Straße 172, men blev flyttet i 1932, da der skulle bygges på grunden. Over nichen kan man læse ordene *Maria klopft auch an Dein Herz*, dansk: *Maria banker også på dit hjerte*. Inde i nichen kan man finde en kopi af Maria, den oprindelige figur er i dag at finde i kirken *zum Heiligen Kreuz* på Laaer Berg.

ISLAMISCHES ZENTRUM
Am Bruckhaufen 3 • 1210 Wien

Det islamiske center i Wien er beliggende i 21. Bezirk, Floridsdorf. Det er Østrigs største og første moské. Moskéen blev opført mellem 1975 og 1979 af byggemester Richard Lugner efter ordre fra den saudiarabiske konge, kong Faisal ibn Abd al-Aziz. Minaretten er 32 meter høj og kuplens diameter er cirka 20 meter. Det islamiske center og moské blev indviet i november 1979 af den daværende østrigske forbundspræsident Rudolf Kirschläger.

JESUITENKIRCHE/ UNIVERSITÄTSKIRCHE
Doktor-Ignaz-Seipel-Platz 1
1010 Wien

Universitätskirche, Universitetskirken, kaldes også for Jesuitenkirche. Kirken blev opført i 1631, dog stammer kirkens indre fra 1703, dette skyldes den italienske billedhugger og maler Andrea Pozzo, som var mester i illusionskunst, fik lov til at sætte sit præg på kirkens indre,

som er opbygget som et teater, hvor altret er scenen og to engle holder scenetæppet væk. Overalt i kirken er der leget med spejlingseffekter og synsbedrag. Kirken er beliggende mod nord og rundt om kirken er der andre bygninger, derfor er halvdelen af kirkens vinduer spejle. Spejle, der reflekterer det sparsomme lys fra de rigtige vinduer. Et tip er, hvis man går mod den sidste tredjedel af midtergangen finder man en lys flise, herfra skal man kigge op mod den malede kuppel, så vil man for alvor kunne opleve den illusion som Andrea Pozzo skabte i starten af 1700-tallet. *Læs om Andrea Pozzo på side 16 i denne bog.*

JOHANNESKIRCHE FAVORITEN
Keplerplatz 6 • 1100 Wien

Pfarrkirche Sankt Johann Evangelist, som i daglig tale kaldes for Johanneskirche eller Keplerkirche, er en romersk-katolsk kirke i 10. Bezirk, Favoriten. Kirken er viet til apostlen og evangelisten Johannes. Skytshelgen den hellige Johannes fejres hvert år den 27. december, samme dato, hvor den tyske astronom og matematiker Johannes Kepler (1571-1630) blev født. Forstaden Favoriten blev i 1850 indlemmet i Wien, som i 1874 blev den til den tiende bydel, 10. Bezirk, i Wien. Grundstenen til kirken blev lagt i 1872 og i 1876 kunne ærkebiskop Johann Rudolf Kutschker indvie kirken, som er tegnet af arkitekt Hermann Bergmann. Kirken var i godt 25 år den eneste i Favoriten, i sognet boede der cirka 100.000 katolikker, så der var behov for en kirke mere. Det skete først i 1902, da den noget større Antonskirche blev indviet. Sankt Johann Evangelist blev stærkt ødelagt under Anden Verdenskrig af granater og bomber. Efter krigen blev krigen renoveret. I 1970erne blev der blev der bygget en undergrundsbane (U-bane) i nærheden af kirken, og i 1978 åbnede stationen Keplerplatz, og parken rundt om kirken blev anlagt på ny. Siden juni 2015 har kirken været sognekirke for det nye sogn Zum Göttlichen Wort, som også omfatter kirken Zur Heiligen Familie samt Dreifaltigkeitskirche. I sognet er der en sognepræst, tre præster, en diakon og en assistent. Kirken er 52 meter lang, kirkeskibet er 18 meter højt og de to tårne med pyramidetag er 50 meter høje. Kirkens orgel er bygget af orgelbygger Rudolf Novak i 1968.

JOHANNESKIRCHE UNTERLAA
Klederinger Straße • 1100 Wien

Kirken St. Johann zu Unterlaa, eller Johanneskirche, er en romersk-katolsk kirke, som er beliggende i bydelen Unterlaa i 10. Bezirk, Favoriten. Det er en de ældste bevarede kirker i nutidens Wien. Man formoder, at dele af kirken blev opført i første tredje del af det 11. århundrede, som var under romernes besættelse af Wien. Man formoder, at det var et tempel af træ med stenfundament. I forbindelse med udgravninger, i 1974, fandt man spor inde i kirken,

der kan spores tilbage til omkring 1030, plus minus 15 år. I 1272 blev templet/kirken overtaget af Johanniterordenen, den nuværende Malteserorden, som viede kirken til den hellige Johannes Døberen. Efter en ombygning af kirken omkring 1272, blev der ved kirkens sydlige facade opført et hospice, som dog forsvandt efter ødelæggelser i 1465. Man mener endda, at kirken oprindeligt var en hospitalskirke, som blev drevet af Johanniterordenen. Under den anden tyrkiske belejring, i 1683, blev kirken ødelagt, men genopbygget i årene der fulgte, dog blev sakristiet først opført omkring år 1779. I nærheden af kirken finder man et gravkapel, Heilig-Grab-Kapelle, det hellige gravkapel, som blev opført omkring år 1700. I kapellet finder man et gravkammer med en liggende Kristus-figur.

KAASGRABENKIRCHE
Ettingshausengasse 1 • 1190 Wien

Kaasgrabenkirche, eller Wallfahrtskirche Maria Schmerzen, er en romersk-katolsk filial- og pilgrimskirke i Grinzing i 19. Bezirk, Döbling. Kirken har siden 1903 været en del af ordenen *Oblaten des heiligen Franz von Sales*, der siden 1939 har været en sognekirke. Navnet Kaasgrabenkirche stammer formodentligt fra et gammelt kaldenavn, som kan spores tilbage til det jern- og svovlholdige vand, som fandtes i en mineralkilde i nærheden. Lugten og farven mindede meget om ostevand. Omkring år 1280 var områdets navn *Chez-*

22

wazzeresgraben, som i 1331 blev til *Cheswassergraben*. Til kirken hører der også en legende, et sagn, som handler om tiden under den anden tyrkiske belejring i 1683. Legende fortæller, at en ung kvinde var ude at plukke bær sammen med sit barn, da de pludseligt fik øje på de osmannske/tyrkiske soldater. Den unge kvinde og barnet skjulte sig bag en hyldebærbusk. Soldaterne fulgte den unge kvinde og barnets fodspor, men i busken fandt de kun en rede med svaler, og antog, at der ikke var nogen mennesker, der gemte sig bag busken. Herefter vendte de osmannske soldater om, og barnet og den unge kvinde kunne skynde sig væk derfra. Den unge kvinde skulle efterfølgende have doneret penge til gudebilledet *Schwalbengottesmutter*, *svalemoderen*. Der findes dog ingen beviser for at legende/sagnet er sand.

Grundarealet, hvor den nuværende kirke er beliggende på, var i det 19. århundrede ejet af vognmand Kothbauer, som ejede grusgraven i Kaasgraben. Han ejede desuden et hus, *Zum kleinen Sperl*, i St. Ulrich, i den nuværende 7. Bezirk, Neubau. På gårdspladen foran huset stod der en stor Pietà-statue. Da Kothbauers hus blev revet ned, blev statuen flyttet til stedet, hvor man i dag finder kirken. Oprindeligt blev der ifølge legenden opført et lille kapel. Ved siden af grusgraven ejede Kothbauer også et udskænkningssted, en Heurige, som hurtigt blev et sted, hvor musikanter kom for at spille. Kothbauer var hurtig til at bygge en gynge og en skydebane, således at det lille kapel, Schwalbenkapelle, kunne blive kendt, måske for statuen, men i højgrad også for at være kapellet med udskænkningsstedet. Det kan ske, at det rent faktisk var Kothbauer, der opfandt legenden med den unge kvinde og barnet, som gemte sig bag hyldebærbusken, og soldaterne kun fandt en svalerede... Hvorfor? Simpelthen for at tjene penge. Kothbauers *fromme* udskænkningssted lukkede i 1903, hvorefter Stefan Esders, som ejede varehuset *Zur großen Fabrik* i Mariahilfer Straße, købte grunden, og rev kapellet ned. På nabogrunden opførte han en villa og fik anlagt en park, men samtidig donerede han en stor sum penge til opførelsen af en rigtig pilgrimskirke.

Kirken blev opført i årene 1909-1910 på den grund, hvor det oprindelige kapel havde ligget. Kirken blev tegnet af Gustav Orglmeister og Franz Kupka. Grundstenen blev lagt i april 1909, og i april 1910 kunne biskop Godfried Marschall indvie kirken, med til indvielsen var også ærkehertug Ferdinand Karl von Österreich, som var stedfortræder for den aldrende kejser Franz Joseph. Sognet blev opløst med virkning fra 1. januar 2016, og lagt sammen med et andet sogn, kirken har siden fungeret som filialkirke. I kirken finder man en række statuer af blandt andre den hellige Franz von Sales, den hellige Bernhard, den hellige kong Ludwig den Niende, den hellige kejser Heinrich den Anden samt en mindetavle over katolikken Hans Karl von Zessner-Spitzenberg, som i 1938 blev tilbageholdt og sendt til KZ-lejren Dachau, hvor han døde få måneder senere. I kirkens gravkapel er kirkens grundlægger, Stefan Esders, begravet. I krypten finder man desuden rester af de offergaver fra det gamle Schwalbenkapelle, som blev ødelagt under et bombeangreb den 12. marts 1945. Den nærliggende klosterbygning var fra 1914 hjemsted for et teologisk seminarium, og indtil bombadementerne i 1945 var der desuden et missionsmuseum. Kirkens første orgel blev bygget af orgelbyggervirksomheden Cäcilia, og var i en kort periode opstillet i domkirken i Salzburg, som udstillingsorgel. I 1923-1924 blev orglet flyttet til Kaasgrabenkirche, og indviet i slutningen af september 1924. I 1995 fik kirken et nyt orgel fra orgelbygger Gerhard Hradetzky. Orglet blev i 2003 udvidet fra 24 til 28 registre.

KAISER FRANZ JOSEPH REGIERUNGSJUBILÄUMS TEMPEL
Siebenbrunnengasse 1 A • 1050 Wien

I 1875 blev foreningen Beth Aharon, Haus Arons, grundlagt i 5. Bezirk. I 1907-1908 blev deres bedesal/synagoge opført. Synagogen blev kaldt for Kaiser Franz Joseph Regierungsjubiläums Tempel eller blot Jubiläumstempel, men blev også kendt som synagogen i Siebenbrunnengasse. Arkitekten var Jakob Gartner, og synagogen var den sidste i

rækken af synagoger. Synagogen blev indviet og navngivet til ære for kejser Franz Joseph, i forbindelse med hans 60 års regeringsjubilæum i 1908. Den 9. november 1938, som også kendes som Novemberpogromen eller Krystalnatten, hvor jødiske synagoger, forretninger og ejendomme blev ødelagt og brændt ned, blev synagogen også ramt og ødelagt. Den blev efterfølgende ikke genopført. I dag er der en beboelsesejendom på grunden, på nabobygningens facade, som i øvrigt er Justizanstalt Mittersteig, kan man se en mindetavle.

KALVARIENBERGKIRCHE
Sankt-Bartholomäus-Platz 3
1170 Wien

Kalvarienbergkirche er en romersk-katolsk kirke i 17. Bezirk, Hernals, som er viet til apostlen Bartholomäus. Kirken er beliggende på Sankt-Bartholomäus-Platz i hjertet af Hernals. Den oprindelige kirke blev nævnt første gang i et skriftligt dokument i 1301, men den kirke blev ødelagt under den første tyrkiske belejring i 1529. Et sted mellem 1548 og 1568 blev der opført en ny kirke, det var ikke en katolsk kirke, men derimod en evangelisk-lutheransk kirke. Det var på dette tidspunkt ikke tilladt at afholde evangelisk-lutheranske gudstjenester inde i Wien, derfor blev der i forstæderne, blandt andet i Hernals, opført kirker til protestanterne, som gerne tog turen fra Wien til forstaden for at gå i kirke, blandt dem var adelsslægten

Jörger von Tollet. Men efter Modreformationen, som blev tvunget igennem af kejser Ferdinand den Anden, blev kirken her i Hernals atter en romersk-katolsk kirke i 1625.

I 1639 blev der ved siden af kirken opført en Heiliges-Grab-Kirche, en helliggravkirke, og mellem Wien og Hernals blev der anlagt en korsvej med syv stationer. Korsvejen startede ved Stephansdom inde i Wien og sluttede her ved kirken i Hernals, korsvejen mindede lidt om korsvejen *Via Dolorosa* i Jerusalem. Det var ikke kun kristne som gik turen, det gjorde de kriminelle og de prostituerede også, det førte til at al pilgrimsvandring blev standset efter 35 år. Under den anden tyrkiske belejring, i 1683, blev kirken, gravkirken og korsvejsstationerne ødelagt. I 1710 besluttede en gruppe af borgere fra Wien, at korsvejen skulle genopbygges, denne gang i form af et Golgata, Kalvarienberg, bare i nærheden af Wien. I Hernals anlagde man området som et trappeanlæg med syv kapeller på begge sider af bakken/bjerget, og på toppen blev Kalvarienbergkirche opført. Kirken stod færdig i 1717, hvorefter Hernals atter blev et pilgrimssted.

I 1766-1769 blev der opført en ny kirke, som blev tegnet af byggemester Josef Ritter. I 1784 blev Kalvarienbergkirche til den nye sognekirke i Hernals. Stenene fra den ødelagte Hernalser Pfarrkirche blev i 1785 anvendt, da man opførte et klokketårn til kirken. Siden 1928 har man

Modreformation

Modreformationen var en bevægelse, som blev iværksat af den romersk-katolske kirke, der fra midten af det 16. århundrede forsøgte at modarbejde reformationen. Modreformationen er et begreb der normalt anvendes af protestanter, mens katolikkerne selv omtaler bevægelsen som 'den katolske reform'. Modreformationen blev indledt i 1545 og førte til forfølgelser af medlemmer af de nye protestantiske menigheder, særligt i det sydlige og centrale Europa.

i kirken kunne se en mindetavle, da det var i denne kirke, at komponisten Franz Schubert hørte sin brors, Ferdinand Schubert, *Lateinische Requiem*. Det blev også det sidste musik, som Franz Schubert nåede at høre, inden han døde kort tid efter. Kirken blev ombygget og udvidet i 1889-1894 efter arkitekt Richard Jordans planer. Den 22. marts 1945 blev kirken hårdt ramt under et luftangreb, efterfølgende stod arkitekt Hans Petermair for genopbygningen af kirken. I påske 1948 kunne man atter sætte sig på kirkebænkene til den første gudstjeneste efter krigen. Kirken fik i 1955 fire nye klokker, som af de lokale i Hernals også kaldes for frihedsklokkerne. Dette skyldes, at den dag, hvor kirkeklokkerne blev indviet, blev den nye statstraktat underskrevet et andet sted i Wien. En traktat der førte til, at Østrig endelig var en selvstændig stat, og besættelsestropperne skulle forlade, ikke blot Wien, men hele Østrig.

KAPUZINERKIRCHE
Neuer Markt • 1010 Wien

Kapuzinerkirche, som er beliggende i hjertet af Wien, kaldes også for *Kirche zur Heiligen Maria von den Engeln*. Det er en romersk-katolsk kirke, der sammen med det tilhørende kloster også er kendt for dens krypt, og ikke hvilken som helst krypt, det er nemlig her i Kapuzinergruft, man finder Habsburgernes gravkapel. Kirke, kloster og krypt blev stiftet i 1618 af kejserinde Anna (1585-1618) og kejser Matthias (1557-1619). Grundstenen blev lagt i september 1622, men Trediveårskrigen (1618-1648) gjorde det svært at få kirken bygget, så den blev først bygget færdig i 1632. Gennem tiden har kirken gennemgået flere ombygninger, men i 1934-1936 blev facaden rekonstrueret efter historiske billeder. *Læs eventuelt mere om klostret på side 100 i denne bog.*

KAISERGRUFT
Tegetthoffstraße 2 • 1010 Wien
www.kapuzinergruft.com

Kapuzinergruft eller Kaisergruft, som er kejserhusets gravkrypt, er beliggende i kælderen under Kapuzinerkirche på Neuer Markt. Her er medlemmer af det østrigske kejserhus, Habsburgerne, blevet stedt til hvile siden 1633. Grundet placeringen i Kapuzinerkirche kaldes gravkrypten også for Kapuzinergruft. Kapuzinerkirche og tilhørende kloster blev grundlagt i 1618 og indviet i 1632, og tilhører Kapucinerorde-

nen, der spillede en stor rolle under Modreformationen. Krypten har 138 metalsarkofager, heriblandt kejserinde Maria Theresia, som er begravet sammen med sin mand, Franz Stephan von Lothringen. Kejser Joseph den Anden har sit sarkofag her, det har kejser Franz Joseph og kejserinde Sisi, deres søn Rudolf samt kejserens bror Maximilian også. I 1989 blev den sidste kejserinde, kejserinde Zita, begravet her, og i 2011 blev den sidste kejsersøn, Otto von Habsburg, begravet her. Der er begravet 149 personer i krypten, heriblandt 12 kejsere og 19 dronninger og kejserinder, resten er andre medlemmer af Habsburger-dynastiet. De mange gravkamre og sarkofager er gennem århundreder blevet skabt af kendte kunstnere, og ved et besøg i krypten får man et unikt indblik i magt, sorg, død og endelighed.

Kapuzinerkirke og Kaisergruft

KARL BORROMÄUS KIRCHE
Simmeringer Hauptstraße 234
1110 Wien

Karl Borromäus Kirche finder man på Wiener Zentralfriedhof. Kirken blev indviet i 1911 og tegnet af arkitekten Max Hegele. Kirkens store kuppel er 58,5 meter høj og 22,7 meter i diameter. I kirken finder man 38 gravkapeller, og i hovedkapellet, som befinder sig direkte under kirkens hovedalter, finder man Dr. Karl Luegers gravkapel. Dr. Karl Lueger var Wiens borgmester frem til sin død i 1910. Han blev i første omgang bisat i familiens gravsted, men blev flyttet til gravkapellet, da kirken stod færdigbygget. Derfor går Karl Borromäus Kirche også under navnet Dr. Karl Lueger Gedächtniskirche. Under Anden Verdenskrig måtte kirken afgive sine kirkeklokker, således, at de kunne blive smeltet om og genanvendt til krigsmateriel. Taget blev ødelagt af en bombe, og kuplen blev svært ødelagt. Glasvinduet mod vest, som blev kaldt for *Auferweckung des Lazarus*, dansk: *Lazarus' genopstandelse*, gik tabt.

KARLSKIRCHE
Kreuzherrengasse 1/Karlsplatz
1040 Wien
www.karlskirche.at

På Karlsplatz finder man Karlskirche, og foran kirken finder man en lang række statuer af vigtige personligheder. Blandt andre Joseph Ressel, som var manden der opfandt skibsskruen eller Josef Madersperger, der anses for at være symaskinens opfinder. I 1713 gav Karl den Sjette ordre om, at der skulle opføres en kirke, i taknemmelighed over, at

Karl Borromäus Kirche på Wiener Zentralfriedhof

Karlskirche

Wien var kommet gennem endnu en pestepidemi. Man fik arkitekt Johann Bernhard Fischer von Erlach til at tegne kirken samt styre byggeriet. Efter Johann Bernhard Fischer von Erlachs død, i 1723, overtog sønnen Joseph Emanuel Fischer von Erlach byggeledelsen. Kirken stod færdig i 1739, og anses i dag for at være en af de mest vellykkede barokkirker nord for Alperne.

Kirken har klassiske former efter græsk, romersk og byzantinsk arkitektur. To minareter, klokketårne, fremhæver kirkens smalle triumfsøjler på hver side af den halve ellipse, der udgør kirkens kuppel. Netop kuplen med det irgrønne tag er den centrale del af kirken, har form som et græsk *porticus*. Karlskirches *porticus* er udsmykket med figurer og statuer fra det år, hvor Wien blev ramt af den sorte død, pesten. Desuden kan man opleve Attika, den hellige Borromäus samt de fire dyder: *straf, barmhjertighed, bøn* og *religion* samt værker af Lorenzo Mattielli. Desuden er der en udendørstrappe og to mægtige englefigurer, som er udført af kunstneren Franz Caspar. Inde i kirkens kuppel kan man opleve Johann Michael Rottmayrs fresker af kristne dyder. Freskerne, som stammer fra 1725-1730, giver sammen med værker af Gaetano Fanti loft og vægge en ekstra *trompe l'oeil* dimension. Johann Michael Rottmayr har også malet andre malerier i kirken. Kirkens stuk er udført af Alberto Camesina, og altret er tegnet af kirkens arkitekt Johann Bernhard

> **Porticus**
> Porticus eller søjlehal, som i Grækenland også kaldes for stoa, er et indgangsparti foran den reelle hovedindgang. Inspirationen kommer fra de græske templer. Indgangspartiet består af to søjler, der bærer et trekantet gavlfelt, der kan være med eller uden udsmykning. Udsmykningen er oftest relieffer af græske guder eller gudinder.

> **Trompe l'oeil**
> Trompe l'oeil er en genre indenfor malerkunsten. Udtrykket er fransk og betyder 'som bedrager øjet'. Det har siden antikken været en udbredt måde at male på, hvor maleren har forsøgt at narre betragteren til at tro, at det malede motiv er den ægte og rummelige virkelighed. Denne type malerier blev især dyrket i 1600-tallet.

Fischer von Erlach. I bassinet foran kirken kan man opleve en skulptur af Henry Moore.

JOHANN BERNHARD FISCHER VON ERLACH

Johann Bernhard Fischer von Erlach (1656-1723), var far til Joseph Emanuel Fischer von Erlach. Oprindeligt blev Johann Bernhard Fischer von Erlach uddannet billedhugger. De første år hos sin far, Johann Baptist Fischer, senere i Rom fra 1670 til 1686. Efter hjemkosten til sin fødeby, Graz, arbejdede Johann Bernhard Fischer von Erlach som stukkatørmedarbejder. I 1688 flyttede han til Wien, hvor han primært arbejdede som arkitekturunderviser for ærkehertug Josef samt som arkitekt. Han fik i 1696 sin adelstitel von Erlach, og i 1705 blev han udnævnt til overbyggeinspektør ved det kejserlige hof, et job som sønnen Joseph Emanuel Fischer von Erlach overtog efter faderens død. Et af Johann Bernhard Fischer von Erlachs mesterværker er Karlskirche.

KARMELITERKIRCHE
Karmelitergasse 10 • 1020 Wien

Karmeliterkirche, eller Pfarrkirche St. Josef, er en romersk-katolsk sognekirke på Karmeliterplatz i 2. Bezirk, Leopoldstadt. Kirken er viet til den hellige Josef. Da karmeliterordenen i Wien blev opløst i forbindelse med reformationen i 1554, blev deres kloster Am Hof overtaget af Jesuitterne. Men omkring 1622 bad kejser Ferdinand den Anden ordenen om at vende tilbage til Wien. Kejseren gav Karmeliterne en grund i Unteren Werd i 1623, der senere blev til Karmeliterviertel. Karmeliterne opførte en kirke og et kloster på grunden. Den første lille kirke var færdigbygget i 1624, og grundstenen til klostret blev lagt i 1627. I 1639 kunne

Karmeliterkirche

fyrstebiskop Philipp Friedrich von Breuner indvie den nye klosterkirke, som blev viet til Jomfru Maria og den hellige Therese. Under den anden tyrkiske belejring, i 1683, blev både kirke og kloster ødelagt, men blev efterfølgende genopført. I forbindelse med indførelsen af den nye kirkereform, i 1783, blev kirken ophøjet til sognekirke og viet til den hellige Josef. I 1838 flyttede Karmeliterordenen til Linz, og klostret blev opløst. Nonneordenen *Barmherzigen Schwestern,* dansk: *de barmhjertige søstre,* blev i 1832 kaldt til Wien af kejserinde Karolina Augusta, og i 1848 overtog de det tidligere Karmeliterkloster. Nonneordenen eksisterede indtil 1896. I 1897 blev der indgået en aftale mellem Karmeliterordenen og regeringen, som førte til, at karmeliterne opgav deres gamle kloster på Karmeliterplatz og fik en kompensation på 350.000 Gylden fra religionsfonden. Efterfølgende byggede Karmeliterne et kloster i Döbling. Mellem 1904 og 1910 blev klostret på Karmeliterplatz revet ned, og i forlængelse med kirken blev der opført et sognehus.

KATHARINA-VON-SIENA-KIRCHE
Kundratstraße 5 • 1100 Wien

Katharina-von-Siena-Kirche er en romersk-katolsk filialkirke i 10. Bezirk, Favoriten. Efter det i årtier havde været en tradition at opføre midlertidige nød- og barakkirker, blev der i 1960erne udviklet en såkaldt mobil kirkebygning af arkitekt Ottokar Uhl.

Den mobile kirke skulle kunne samles og skilles flere gange og have en levetid på 40 år, og omkostningerne til vedligeholdelse skulle være lave. Meningen med disse mobile kirker var, at man kunne reagere på udviklingen i den moderne byudvikling, og flytte kirken efter behov. Kirken, som blev opført her i 1966-1967, var oprindeligt ment som en midlertidig kirke, men blev pludselig en permanent løsning. I 1988 blev den flytbare, Heilig-Kreuz-Kirche, og filialkirke til sognekirken Maria vom Berge Karmel, ophøjet til en selvstændig sognekirke og fik navnet Katharina-von-Siena-Kirche. Med virkning fra 1. november 2015 blev sognet nedlagt og kirken blev en filialkirke til sognet Göttliche Barmherzigkeit.

KATHEDRALE ZUM HEILIGEN NIKOLAUS
Jaurèsgasse 2 • 1030 Wien

Heiligen Nikolaus er den russiske katedral for den russisk-ortodokse menighed i Wien, den er beliggende ved siden af den russiske ambassade i 3. Bezirk, Landstraße, nærmere præcis på hjørnet af Reisnerstraße og Jaurèsgasse. Jaurèsgasse er en stærkt bevogtet gade med bevæbnede sikkerhedsvagter, da både den iranske, russiske og tyske ambassade er beliggende nærmest dør om dør med katedralen. Kirken er opført i teglsten med løgformede tårne, og ligner en bygning, som ved en fejl er blevet bygget i Wien, i stedet for i Sankt Petersborg. Men det er ikke en fejl, for den russiske menighed i

Wien har en lang tradition. Til trods for, at deres mulighed for at praktisere deres tro var begrænset i slutningen af det 19. århundrede, valgte den russiske ambassadør i Wien alligevel at sende en anmodning til Sankt Petersborg, i 1885, i håb om at få lov til at opføre en kirke. Zar Alexander den Tredje reagererede straks og donerede 400.000 Rubler til byggeriet af en ambassadekirke, desuden sendte han 30 vognlæs med russisk jord til Wien, således, at de afdøde kunne begraves i hjemlig jord, til trods for, at de var i Wien. Byggeriet af kirken stod på fra 1893 til 1899, og er tegnet af arkitekterne Grigorij Iwanowitsch Kotow og Luigi Giacomelli. Da kirken blev indviet i 1899 blev den kaldt for en juvel i den russiske arkitektur. Kirken er opført i to etager, og er 56 meter høj. Zar Alexander den Tredje var ikke skuffet. I kirkerummet er der fem lysekroner af guld, som er en gave fra zar Nikolaus den Anden. Derudover er der en stor forgyldt ikonostase (en mur af ikoner og religiøse malerier, der adskiller skibet fra helligdommen i kirken), som *tegner* billeder fra Biblen på væggene, når solens stråler rammer den. Efter Østrig, i 1924, afbrød forholdet til Rusland, lukkede først den russiske ambassade og senere også kirken. Under Stalins regeringstid tjente kirken som lagerrum, og under Anden Verdenskrig fungerede kirken som musikskole. I 1945 kunne kirken atter åbne sine porte som Guds Hus. I de seneste år er kirken blevet renoveret og stråler i ny glans, og er åben for de som ønsker at deltage i en russisk-ortodoks gudstjeneste.

KIRCHE AM HOF
Schulhof 1 • 1010 Wien

Kirche am Hof, der også kaldes for *Kirche zu den neun Chören der Engel*, blev opført mellem 1386 og 1403. Kirken hed oprindeligt Jesuitenkirche, da kirken efter Reformationen blev overtaget af Jesuiterordenen. Den oprindelige kirke blev i 1607 flammernes bytte, men blev genopført og genindviet i 1610. I 1625 blev der opført en indgangshal, og omkring år 1662 blev der opført en balkon over indgangshallen. Da Jesuiterordenen blev opløst, omkring år 1773, blev Kirche am Hof til en garnisonskirke. Men da kirken blev sognekirke i 1783, blev Schwarzspanierkirche udnævnt til garnisonskirke i stedet. Det var fra kirkens balkon, at kejser Franz, i december 1804, blev udnævnt til tronfølger til den kejserlige trone i Østrig, men også stedet, hvor han, i august 1806, bekendtgjorde at han abdicerede fra det hellige romerske riges trone. Fra 1814 til 1852 tilhørte kirken atter Jesuitterne og i 1867 blev kirken overgivet til ærkebiskoppen af Wien. I 1908 blev sognet opløst og kirken gik igen tilbage til Jesuitterne. I september 1983 besøgte Pave Johannes Paul den Anden kirken og fra kirkens balkon holdt han en tale om temaet arbejde. I september 2007 besøgte Pave Benedikt den 16. kirken, og holdt fra balkonen en messe foran tusindvis af troende.

Kirken benyttes i dag af den kroatiske menighed i Wien. Kirken har flere gravkapeller, i Jesuitengruft er cirka 90 Jesuitter begravet, heriblandt Vitus Georg Tönnemann og Anton Khabes, der var kejserinde Maria Theresias skriftefader. I den nordlige del af kirken finder man endnu et gravkapel, Montecuccoli-Gruft, hvor Kejser Ferdinand den Andens skriftefader Wilhelm Lamormaini, Raimund von Montecuccoli og martyren Karl de Boranga er begravet. Jeg startede med at nævne, at kirken også kaldes for *Kirche zu den neun Chören der Engel*, det skyldes den gruppe af engle der findes i kirken. De var tidligere en del af alteret Albrechtsaltar, som havde 24 altertavler. Efter opløsningen af Jesuiterordenen blev alteret

Kirche am Hof

og tilhørende altertavler skåret op i mindre billeder og flyttet til klostret Stift Klosterneuburg. I mellem 1962 og 1981 blev de renoveret og sat sammen igen. Altret og altertavler er dog ikke at finde i denne kirke, men i Sebastianikapelle i klosterkirken i Klosterneuburg.

KIRCHE AM LEOPOLDSBERG
Am Leopoldsberg 2 • 1190 Wien
www.leopoldsberg-kirche.at

På Leopoldsberg finder man Leopoldskirche der afspejler områdets historie. Da jøderne blev fordrevet fra området af kejser Leopold den Første i 1670, blev synagogen revet ned, efterfølgende opførte man en katolsk kirke på fundamentet i 1679. Da tyrkerne belejrede Wien i 1683, brændte de kirken ned til grunden. I 1723 blev den katolske kirke genopført. Under Første Verdenskrig blev kirkens kirkeklokker fjernet og smeltet om til kugler og krigsmateriel. Under Anden Verdenskrig, nærmere præcis den 12. marts 1945, blev Wien ramt af krigens værste bombardement, og store dele af kirken blev ødelagt, men efter krigens afslutning blev kirken genopbygget og genindviet i 1948.

KIRCHE AM STEINHOF
Baumgartner Höhe 1 • 1140 Wien

Kirche am Steinhof blev tegnet af arkitekt Otto Wagner, og opført på Baumgartner Höhe fra 1904-1907. Kirken betegnes som et af Otto Wagners hovedværker. Kirkens glasvinduer er dekoreret af Koloman Moser. Det er en romersk-katolsk kirke. Kirken hedder egentlig Kirche zum Heiligen Leopold, eller Otto-Wagner-Kirche am Steinhof. Kirken er en del af det store hospitalsområde, ja Baumgartner Höhe er et stort hospitalskompleks, og kirken var hospitalets kirke. Kirken blev indviet af Ærkehertug Franz Ferdinand den 8. oktober 1907. Der er en mening med de korte kirkebænke, for da kirke og hospital blev opført, var hospitalet et sygehus for psykisk syge, og når patienterne var i kirke, skulle det være nemt for plejepersonalet at tage fat i urolige patienter. Fra cirka år 2000 til 2006 var kirken lukket på grund af en gennemgribende renovering, hvor blandt andet kirkens gyldne kuppel fik ny glans, hvor der blev benyttet 2 kg bladguld til den gyldne kuppel. Kuplen minder meget om en halv citron, derfor kaldes Baumgartner Höhe af og til også for *Lemoniberg (Lemoni = Lemon = citron)*, på dansk: *Citronbjerget*. Kirken blev genindviet den 1. oktober 2006, og i 2007 fik kirken tre nye kirkeklokker. Kirken kan kun opleves i forbindelse med gudstjenester, lørdage samt søndage.

KIRCHE HEILIGEN ULRICH UND MARIA TROST
Sankt-Ulrichs-Platz 3 • 1070 Wien

Sognekirken Heiligen Ulrich und Maria Trost, eller blot Ulrichskirche, er en romersk-katolsk kirke i 7. Bezirk. Kirken var oprindeligt navngiver til den tidligere selvstændige

Kirche am Steinhof

forstadskommune, St. Ulrich. Kirken er beliggende mellem Burggasse og Neustiftgasse. Kirkens historie kan spores tilbage til omkring 1211, da man første gang hørte om et eksisterende kapel. Den første kirke blev bygget i 1408, som blev en del af Schottenstift i 1451. Kirken blev ødelagt i 1474 under en storm og i 1529 blev kirken lagt i ruiner under den første tyrkiske belejring. Ruinerne blev fjernet i 1574, og i 1589 begyndte man opførelsen af en ny kirke og grundlæggelsen af et sogn. I 1651 opførte man koret samt kirketårn, og fra 1670 til 1672 blev kirkens langhus opført. Men så bankede de tyrkiske tropper igen på i 1683, og kirken blev atter ødelagt, da kirken fungerede som tyrkernes ammunitionsdepot og udsigtstårn,

men blev efterfølgende genopbygget i 1694. Den nuværende kirke blev opført i årene 1721-1724 af byggemester Josef Reymund, og er siden hen blev udvidet af flere omgange, og kirkens tårne blev opført i 1771. Kirkens orgel blev bygget i 1842 af orgelbygger Josef Loyp. Kirkens udvendige trappe, op mod hovedindgangen, er flankeret af figurerne som forestiller den hellige Benedikt, Ulrich, Aloysius og Johannes Nepomuk. Stenfigurerne er udført af billedhuggeren Franz Xaver Seegen, der også har skabt nichefiguren af den hellige Ulrich. Kirkens klokker, *Marienglocke* vejer 4.480 kg, *Ulrichsglocke* vejer 2.240 kg og *Speisglocke* vejer 250 kg. De tre klokker er støbt i årene 1770-1782 af Caspar Hofbauer den Ældre.

KIRCHE MARIA GEBURT
Rennweg 91 • 1030 Wien

I 1768 blev den såkaldte børnehjemskirke, Waisenhaus, *Maria Geburt* opført på Rennweg, da der ved siden af kirken lå et børnehjem. I 1783 blev kirken udnævnt til sognekirke. Byggemesteren var Matthias Franz Gerl. I forbindelse med kirkens indvielse i december 1768 dirigerede, den dengang blot 12 årige, Wolfgang Amadeus Mozart sin egen komposition, hvor medlemmer af Hofkapelle spillede og drengene fra børnehjemmet sang. I 1785 blev børnehjemmet flyttet til bydelen Alsergrund, og kirken blev til en garnisonskirke for regimentet, der hørte til på Rennweger Kaserne.

Reformierte Kirche

KIRCHE SANKT EPHREM
Stefan-Fadinger-Platz 1 • 1100 Wien

Kirche Sankt Ephrem hed oprindeligt *Pfarrkirche Maria vom Berge Karmel*. Den var fra 1937 til 2014 en romersk-katolsk kirke, indtil 2003 hed den Karmeliterkirche, men har siden 2015 været en syrisk-ortodoks kirke. I 1916 opførte Karmeliterne deres sogne- og ordenskirke Unsere Liebe Frau von Berge Karmel, en nødkirke i træ på Stefan-Fadinger-Platz, kirken blev tegnet af Hans Prutscher. Kirken brændte ned til grunden i 1928. I 1928 begyndte man at opføre en ny kirke, den første etape blev indviet i december 1929, mens det tog ti år at bygge den øvrige kirke. I august 1942 kunne man endeligt indvie kirken, som i øvrigt var den anden kirke i Wien, som var bygget i stålbeton. Under Anden Verdenskrig blev en del af kirken benyttet som beskyttelsesbunker, men den 21. februar 1945 blev kirken ramt af svære ødelæggelser, 140 blev dræbt. I 1950 begyndte man genopbygningen af kirken, som man kunne indvie i juni 1958. Dog skulle man helt frem til april 1962 før kirkens alterrum også var færdig, og i 1965 stod kirketårnet færdigt. I august 2003 blev karmeliterkonventet opløst og sognekirken blev overgivet til Wiens ærkebiskop. Kirken blev indtil september 2014 benyttet af den filippinske menighed. I september 2014 blev både kloster og kirke solgt til den syrisk-ortodokse kirke, og med virkning fra 1. januar 2015 blev det katolske sogn opløst, og lagt sammen med nabosognet.

KIRCHE SANKT GEORG ZU KAGRAN
Sankt-Wendelin-Platz • 1220 Wien

Sognekirken i bydele Kagran, 22. Bezirk, Donaustadt, er en romersk-katolsk kirke, som er viet til den hellige Georg. Kirken er fredet under det østrigske fredningsnævn, Denkmalschutz, og er en af de ældste bygninger i Wien på den side af Donau. Kirken fungerer som hovedkirke i sognet Sankt Georg, som er det ældste kirkesogn i Wien. Kagraner Pfarrkirche eller Kirche Sankt Georg zu Kagran er beliggende i nærheden af trafikknudepunktet Kagraner Platz. Kirkens kirkegård er beliggende cirka 700 meter nordøst for selve kirken. Det formodes, at kirken

Kaiser Franz Joseph

36

blev opført i det 12. århundrede, og var oprindeligt viet til den hellige Wendelin. Omkring 1438, muligvis før, blev den nærliggende landsby Stadlau og dens kirke Sankt Georg ødelagt af oversvømmelser, hvorefter Kagran overtog Stadlaus sognerettigheder samt skytshelgen Sankt Georg. I midten af det 15. århundrede var Kagran et stort sogn, hvor landsbyerne Eipeldau, Strebersdorf, Gerasdorf, Deutsch-Wagram, Jedlesee og Jedlersdorf hørte under. Landsbyerne har siden hen fået deres egne sogne eller er lagt under andre sogne.

Første bevis for, at der var en kirke i landsbyen Kagran kan spores tilbage til det 15. århundrede. Det gotiske kor blev opført i 1438 og i 1642 blev kirken udvidet. Klokketårnet stammer fra det 17. århundrede. Under den anden tyrkiske belejring i 1683 blev kirken ødelagt, og efter to brande i det 18. århundrede blev kirken ligeledes ødelagt. I 1830 blev kirken og ligkapellet ødelagt. Oprindeligt var der en kirkegård rundt om kirken, men i forbindelse med oprettelsen af den nye Kagraner Friedhof, som tidligere nævnt, der er beliggende cirka 700 meter mod nordøst, lukkede kirkegården ved kirken, og i 1902 blev de sidste gravsteder fjernet og der blev anlagt en plads foran kirken. I juli 1990 kollapsede det forfaldne orgelgalleri, efter man havde fjernet orglet. Herefter blev kirken gennemrenoveret og kirken fik et nyt orgelgalleri, genindvielsen fandt sted i november 1992.

KIRCHE SANKT JOSEPH

Schönbrunner Straße 52 • 1050 Wien

Kirken Sankt Joseph i Margareten blev opført i 1765-1769 som fattighusets kirke. Det var i denne kirke, man den 21. november 1828 afholdt begravelsesceremonien for Franz Schubert, komponisten, inden han blev stedt til hvile på Währinger Friedhof. Den fredede romersk-katolske kirke er beliggende på hjørnet af Schönbrunner Straße og Rampenstorffergasse. Kirken blev oprindeligt opført som et sygehuskapel, men blev i 1771 ophøjet til sognekirke. Kirketårnet blev dog først tilføjet omkring år 1703. I 1957-1959 blev præsteboligen opført i forlængelse med kirken. Kirkens alter stammer fra 1771 og udført af arkitekt Johann Ferdinand Hetzendorf von Hohenberg. Højaltret er skabt i rødt marmor og flankeres af engle samt figurerne af den Hellige Leopold og Josef samt af relieffet *Flugten til Egypten*. Alterbilledet er malet af Bartolomeo Altomonte. Udover højaltret findes der flere mindre altre. Ved alteret til venstre finder man figurerne Theresa og Barbara, mens alterbilledet der viser Anna, Maria og Josef, blev malet af Johann Gottfried Auerbach i det 18. århundrede. Altret til højre har figurerne Christophorus og Johannes Nepomuk, mens alterbilledet der viser Theresa von Avila, også malet af Johann Gottfried Auerbach. Orgelkassen er fra 1821, dog er orglet noget nyere, nemlig fra 1987, og bygget af Gerhard Hradetzky.

37

KIRCHE SANKT JOSEF AM WOLFERSBERG
Anzbachgasse 89 • 1140 Wien

Kirche Sankt Josef am Wolfersberg er en romersk-katolsk kirke i bydelen Hütteldorf i 14. Bezirk, Penzing. Kirken er beliggende for foden af Wolfersberg, og vest for kirken finder man Franz-Sauer-Park. Kirken er viet til den hellige Josef, mens Am Wolfersberg relaterer til kirkens beliggenhed. Området var før Første Verdenskrig et skovområde, som under krigen blev fældet af wienerne, der manglede brænde til opvarmning af deres hjem. Herefter opstod der kolonihaver, hvor wienerne kunne dyrke grøntsager og frugt, men hvor de også kunne bo midlertidigt. Efter krigens afslutning fik beboerne tilbudt byggeretskontrakter, og de besluttede at bygge en kirke. Dette kunne de kun opnå ved at sælge deres grunde til byen Wien, som gjorde det muligt for beboerne at leje deres grunde. I december 1934 blev kirken indviet. Menigheden købte et nærliggende område, hvorpå man opførte præstegården og udvidede kirken, og med virkning fra 1. oktober 1939 blev kirken ophøjet til et selvstændigt kirkesogn. Men modstandere mod kirken, herunder det nazistiske regime, kastede sten mod kirkens vinduer, som alle gik i stykker. Men menigheden gav ikke op, og erstattede de ødelagte vinduer med nye.

I Anden Verdenskrigs sidste dage rykkede den sovjetiske Røde Hær tættere ind mod Wien. Under Slaget om Wien blev der også kæmpet på Wolfersberg, men kirken slap for ødelæggelser. Efter krigen besluttede de tilbageværende og nye sognemedlemmer, at kirken skulle udvides, som sagt så gjort, og i oktober 1946 blev den indviet af kardinal Theodor Innitzer. Den sovjetiske besættelsesmagt forpligtede sognet at genforhandle det salg af området, som blev indgået med byen Wien i 1934. Det førte til en større erstatning til nybyggerne. Menigheden var efter krigen vokset, og kirken var blevet for lille til trods for den nye udvidelse i 1946, derfor besluttede man at rive kirken ned og opføre en helt ny kirke. Det var arkitekt Ladislaus Hruska som fik opgaven til at opføre en kirke på det eksisterende område. Grundstenen til den nye kirke blev lagt i 1948, og selvom der var mangel på penge og byggematerialer, gik byggeriet hurtigt, og i slutningen af oktober 1949 kunne kardinal Theodor Innitzer indvie den nye kirke. Det var firmaet Franz Jacob som stod bag byggeriet af kirken, som kom til at koste cirka 20.000 Schilling. I 1961 havde man sparet nok penge sammen til byggeriet af en præstebolig, som i 1977 blev udvidet til en sognegård, med kirkekontor, festsal og præstebolig. Kirken har plads til omkring 200 kirkegængere. Kirkens orgel blev bygget af orgelbygger Johann Marcell Kauffmann i 1956. Kirken har tre klokker, der alle er støbt af klokkestøber Josef Pfundner. Netop da kirken skulle have betale for klokkerne manglede der penge i kirkekassen, det fik tre kvinder til at mødes, og de valgte at gå rundt i området med en barnevogn for at bede om donationer til kirkeklokkerne. De samlede 5.000 Schilling sammen, og klokkerne kunne betales og kunne indvies samtidig med kirken, nemlig i oktober 1949.

KIRCHE SANKT OTHMAR
Kolonitzplatz 1 • 1030 Wien

Kirken Sankt Othmar unter den Weißgerbern, som kirkens *fulde* navn er, er med sit 80 meter høje kirketårn, den højeste kirke i bydelen, og den femte højeste i hele Wien. Kirken blev opført mellem 1866 og 1873 efter arkitekt Friedrich von Schmidts tegninger. Kirken er viet til den hellige Othmar, en betydningsfuld abbed fra klostret i Sankt Gallen. Kirken på Kolonitzplatz er den tredje af sin slags på stedet. I 1904 fik kirken indlagt elektricitet. Under Første Verdenskrig måtte kirken aflevere tre ud af fire klokker, der herefter blev, formoder jeg, smeltet om og anvendt til krigsmateriel, hvilket var almindeligt. I 1944 blev kirken ramt af en bombe og svært ødelagt, først i 1960 var genopbygningen af kirken tilendebragt. Samtidig blev der installeret elvarme i kirken, indtil da var opvarmningen af kirken kommet fra en stor kamin.

KIRCHE ZUM HEILIGEN ÄGYDIUS
Oberlaaer Platz • 1100 Wien

Den romersk-katolske sognekirke Kirche zum heiligen Ägydius i Oberlaa blev taget i brug første gang i 1267 og omkring år 1324 blev den ophøjet til sognekirke. Under de to tyrkiske belejringer i 1529 og 1683 blev kirken komplet ødelagt, inden man i årene 1744-1746 genopbyggede kirken, og viede den til den Hellige Ägidius.

KIRCHE ZUR HEILIGSTEN DREIFALTIGKEIT
Ottillingerplatz 1 • 1230 Wien
www.georgenberg.at

Der er flere kirker i Wien, som er viet til den hellige Trinitatis. En af dem er den ikke helt almindelige kirke i bydelen Mauer i 23. Bezirk. Kirken er beliggende på Georgenberg i Wienerwald, på en grund, hvor der indtil 1949 lå en kaserne. På Doktor Margarethe Ottillingers initiativ begyndte man at tænke på at opføre en kirke på grunden, da hun fornemmede, at troen på Gud svandt ind. Margarethe Ottillinger (1919-1992), som i 1948 blev anholdt af de sovjetiske soldater i Wien og tilbragte syv år i fængsler i Sovjetunionen. Da hun vendte retur til Wien, blev hun ansat i den statsejede industri og sluttede sin erhvervskarriere som bestyrelsesdirektør for *ÖMV, Österreichische Mineralölverwaltung AG*, som i dag hedder *OMV*, som er en østrigsk olie-, naturgas- og kemikoncern. Nogle år efter sit fængselsophold ønskede hun at skabe et sted, som tak for at være kommet ud fra et sovjetisk fangeskab og fået en ny chance i livet.

Det skulle være et kirkeligt projekt, og hendes første tanke var, at det skulle være et kloster til Karmeliterordenen, men samtidig skulle det ikke tegnes af en arkitekt, men derimod af en billedhugger, nemlig Fritz Wotruba. Hun donerede en stor sum penge til projektet. Fritz Wotruba blev født i 1907 i Wien. Han var en af de mest betydningsfulde billedhuggere i Østrig. Indtil han fik opgaven med kirkebyggeriet, havde han ikke haft kontakt til arkitektur, han havde kun kendskab til scenografi. Ikke desto mindre, har han senere forklaret, at han havde følt et uimodståeligt ønske om at arbejde med et materiale, hvor begrænsningerne af masse og dimension kun afhang af synets magt eller magtesløshed.

Planen om at grundlægge et kloster mislykkedes og blev ikke godkendt. Designerne blev under projektets præsentation i 1968 mødt af en voldsom modstand. Derudover var Fritz Wotruba ikke troende og havde forladt kirken før krigen, fordi han havde planlagt at gifte sig med en jødisk kvinde. Den socialistisk-sindede kunstner så dog en social mening i at skabe en hellig bygning. Under kardinal Franz Königs ledelse gik ærkebispedømmet i Wien endelig med til i det mindste at bygge klosterkirken. Som afslutning på den lange debat kom planen om en rektoratkirke på Georgenberg frem. Fritz Wotruba forsøgte først at få arkitekt Roland Rainer, bygherren af rådhuset, til at samarbejde, men denne plan slog også fejl. Han hav- de dog i sidste ende bedre held med arkitekten Fritz Gerhard Mayr fra Rainer-kontoret. Fritz Gerhard Mayr sagde ja til at samarbejde, og med ham, tog hele projektet en afgørende drejning. Fritz Wotruba havde planlagt at bruge gullig karstmarmor som byggemateriale, men arkitekten overbeviste ham om, at beton var det ideelle byggemateriale. Således indgik arkitektur og skulptur en symbiose, hvilket resulterede i den ekstraordinære bygning af kirken på Georgenberg. Ideen til kirkens udseende kom fra kunstneren Fritz Wotruba, mens arkitekt Fritz Gerhard Mayr tegnede kirken. De første ideer og tanker kom i 1964, men der skulle gå tolv år før den meget ualmindelige kirke stod færdig. Kirken blev endeligt indviet den 24. oktober 1976.

Kirken, der kaldes *et harmonisk kaos*, består af 152 kæmpe betonblokke, den højeste betonblok er 13 meter høj. De 152 betonblokke vejer tilsammen cirka 4.000 tons. Det ser ud til, at betonblokkene er skubbet sammen på en vilkårlig og tilfældig måde, helt uden symmetri. Men det er alligevel lykkedes, på helt deres egen måde, at fremstå som med et harmonisk udseende. På altervæggen kan man se en kopi af et kors, som Fritz Wotruba oprindeligt skabte til Hofkirken i Bruchsal, som oprindeligt var en del af slottet i Bruchsal, som i 1945 blev ramt under et bombeangreb og ødelagt, men genopført i 1960erne. Dele til alteret blev skabt af Fritz Wotruba.

Kritikken var stor under byggeriet af kirken på Georgenberg, naboerne forsøgte blandt andet at forhindre kirken i at få kirkeklokker, som skulle være med til at ringe ind til gudstjenester og andre kirkelige handlinger. Men al kritik forstummede da kirken stod færdigbygget. Da kirken blev indviet i 1976 af den daværende ærkebiskop i Wien, kunne kirken kalde sig for Kirche zur Heiligsten Dreifaltigkeit, den kaldes også for Georgenberg, men er mest kendt som Wotruba Kirche, opkaldt efter kunstneren Fritz Wotruba. Kirken er ikke en af de kirker, som tiltrækker allerflest turister, med mindre man er interesseret i arkitektur. Men hvem siger, at alle kirker altid skal se ens ud. Selv de troende har fundet ud af betonens stærke symbolik, hvor de kan genkende en orden, en enhed, som er opstået på baggrund af forskellighed. De ser Wotrubas kirke som et sindsbillede for både menighed og tro.

KONZILSGEDÄCHTNISKIRCHE LAINZ-SPEISING
Kardinal-König-Platz 3 • 1130 Wien

Konzilsgedächtniskirche Lainz-Speising er en romersk-katolsk kirke i bydelen Lainz, som hører til 13. Bezirk, Hietzing. Kirken, som er beliggende i nærheden af den gamle sognekirke i Lainz, blev tegnet af arkitekt Josef Lackner og opført fra 1966-1968. Før byggeriet af den nuværende kirke stod der et kapel ved det tidligere kejserlige jagtslot, som var tegnet af J. Mick og opført

i 1885-1886. Sognet hørte oprindeligt til sognet Penzing, sognet er i dag også ansvarlig for St. Josephs Kirche, det ortopædiske hospital i Speising samt Hummelkapellet på Küniglberg.

LAIMGRUBENKIRCHE
Windmühlgasse 3 • 1060 Wien

Laimgrubenkirche kaldes også for Kirche St. Josef ob der Laimgrube eller Pfarrkirche Mariahilf-St-Josef. Det er en romersk-katolsk kirke i 6. Bezirk, Mariahilf. Kirkens historie kan spores tilbage til 1343, da hertug Albrecht den Anden grundlagde et kapel i Laimgrube. I 1349 blev der opført et forsorgshus til adelige enker. Forsorgshuset blev i 1354 forvandlet til et kloster til *søstre af den tredje orden af den hellige Frans, Schwestern von Dritten Orden des heiligen Franziskus.* Klostret og kirken fik navnet St. Theobald, eller St. Diepold. I 1451 flyttede nonnerne til et hus ved siden af Minoriterne i indre by. 1541 var også året, hvor kejser Friedrich den Tredje gav klostret til franciskanerne, som bosatte sig her under ledelse af Johannes Capistranus. I årene der fulgte blev klostret udvidet flere gange, til der til sidst boede 200 munke. Da tyrkerne belejrede Wien i 1529 blev kirke og kloster ødelagt og lagt i ruiner.

Grunden blev solgt i 1582 solgt og der blev opført flere vindmøller i området, som i dag kendes som Windmühlgasse. Vindmøllerne kom til at lægge navn til den landsby, og senere forstad, som blev kaldt for Windmühlen. Det var rådmand Ulrich Khertenkhalch og hans hustru Anna Marie, som fik opført et kapel på grunden, hvor den nuværende kirke befinder sig. Kapellet blev navngivet Kapel zum heiligen Theobald, og i 1667 blev kapellet givet til Karmeliterordenen. Det var Karmeliterordenen, som omkring 1673, nogle kilder siger 1637, opførte et nyt kloster samt kirken Zum heiligen Josef i den nuværende Mariahilfer Straße 27. Både kloster og kirke blev lagt i ruiner under den anden tyrkiske belejring i 1683. Karmeliterordenen begyndte i 1687 at bygge et nyt kloster samt kirke, Kirche St. Josef ob der Laimgrube, på grunden i Mariahilfer Straße, hvor den tidligere kirke samt kloster havde ligget. Kirken blev i 1692 viet til den hellige Josef, og i 1783 blev kirken ophøjet til sognekirke.

I 1784 gennemførte kejser Joseph den Anden en af sine mange reformer, nemlig klosterreformen, som førte til, at klostret blev opløst. I 1804 blev klostret forvandlet til en opdragelsesanstalt for unge adelige. Fra 1881 til 1905 fungerede det tidligere kloster som et arresthus, inden arresten blev flyttet til politigården på Rossauer Lände. Klosterkirken var i mange byggespekulanters øjne en hindring for udvidelsen af Mariahilfer Straße, derfor begyndte man i 1904 at rive kirken ned, og i 1905 fulgte nedrivningen af klostret. I 1906-1907 blev der i stedet opført en kirke, Laimgrubekirche, i Wind-

mühlgasse. Man flyttede størstedelen af inventaret fra den tidligere kirke til den nye kirke, herunder alterbilledet af den hellige Josef, som Joseph Schönmann skabte i 1866.

LAINZER PFARRKIRCHE
Lainzer Straße 154 A • 1130 Wien

Lainzer Kirche er en kirke der tilhører den syrisk-ortodokse menighed. Kirken blev oprindeligt opført som en romersk-katolsk sognekirke for bydelene Lainz og Speising. Fra 1974 til 2015 var kirken under St. Ephrems protektion, men siden 2015 har kirken været under St. Maria Malankaras protektion. Over kirkens hovedindgang kan man læse, at Conrad Sponfelder opførte en kirke på dette sted i mellem 1421 og 1428, kirken var en del af kirkesognet i Penzing.

Kirken blev ødelagt under de to tyrkiske belejringer i 1529 og 1683. Men i 1736 besluttede ærkebiskop Sigismund von Kollonitz at opføre en kirke med Gottfried Pokh som byggemester, der fik hjælp fra stenhugger Johann Wenzel Schumka og tømrermester Wolfgang Hilleprandt. I 1783 blev sognet Zur Allerheiligsten Dreifaltighed grundlagt. Efter Anden Verdenskrigs afslutning var befolkningen i sognet vokset og man valgte i 1966-1968 at opføre en større kirke, Konzilsgedächtniskirche, i nærheden. *Læs eventuelt mere om kirken på side 41 i denne bog.* I 1974 blev kirken her overgivet til den syrisk-ortodokse menighed.

LAZARISTENKIRCHE
Kaiserstraße 5 • 1070 Wien

Lazaristenkirche er en romersk-katolsk kirkebygning i 7. Bezirk. Kirkebygningen befinder sig i kvarteret Schottenfeld mellem Kaiserstraße og Neubaugürtel, i relativ nærhed af Sophienspital. Kirken er tegnet af arkitekten Friedrich von Schmidt, der oprindeligt stammede fra Württemberg, kirken her var hans første byggeri i Wien. Grundstenen til kirken blev lagt den 27. september 1860 af Wiens ærkebiskop Joseph Othmar von Rauscher. Kirken blev opført til den katolske munkeorden Lazaristerne. Munkeordenen blev grundlagt i 1625 af præsten Vinzenz von Paul i Paris, de kom til Wien og Østrig i 1853. Kirken stod færdig i 1862, og indviet dagen før den katolske kirkelige fest Mariä Empfängnis, som er den 8. december. Kirken kaldes derfor også for *der Unbefleckten Empfängnis*, eller *Jomfru Marias*

Karlskirche

> ### Mariä Empfängnis
> *Mariä Empfängnis, eller Jomfru Marias ubesmittede undfangelse, er en romersk-katolsk lærdom, om at Jomfru Maria fra det øjeblik, hun blev undfanget, det vil sige før hun blev født, var blevet fritaget fra arvesynd. For den katolske kirke er det et udtryk for hendes syndfrihed. Denne læresætning eller dogme blev bekendtgjort af Pave Pius den 9. tilbage i 1854. Datoen blev fastsat til den 8. december, samme dag som dogmet blev proklameret.*

ubesmittede undfangelse. Til kirken hører der også et kloster og en præstegård, som dog først blev bygget i 1904. Kirken har siden 1939 været en sognekirke. Under Anden Verdenskrig blev kirken ødelagt, men blev efterfølgende renoveret. Kirken må ikke forveksles med den anden Lazaristenkirche i Wien, der er beliggende i 18. Bezirk, Währing. En kirke der i øvrigt blev tegnet af Friedrich von Schmidt.

LEOPOLDSKIRCHE
Alexander-Poch-Platz 6 • 1020 Wien

Leopoldskirche, eller Pfarrkirche Sankt Leopold er en romersk-katolsk sognekirke i 2. Bezirk, Leopoldstadt. Kirken er viet til den hellige Leopold. Ved kirkens hovedindgang finder man to statuer, som blev skabt i midten af det 17. århundrede, de to statuer er den hellige Leopold og den hellige Florian, som oprindeligt var at finde i kirken Kirche am Hof i 1. Bezirk, Wiens centrum.

43

I 1670 udstedte kejser Leopold den Første et edikt, der førte til fordrivelsen af Wiens jøder samt opløsningen af den jødiske bydel, eller ghetto, i området Unteren Werd. Efterfølgende købte byen Wien området og på stedet, hvor den jødiske synagoge havde været, blev der i stedet opført en romersk-katolsk kirke. Grundstenen til Leopoldskirche blev lagt i august 1670 af kejser Leopold den Første. Kirken blev indviet i starten af september 1671, til stede ved indvielsen af kejser Leopold, hans hustru Margarita Theresa og Wiens borgmester Daniel Lazarus Springer. Festprædiken blev holdt af biskop Leopold Karl von Kollonitsch. Dagen efter kirkens indvielse afholdte den kejserlige diplomat grev Paul Sixt den Anden Trautson zu Falkenstein (1635-1678) en kæmpe stor og dyr fest. Bare middagen kostede 8.000 Gylden, for at sætte det lidt i perspektiv, tjente en gennemsnitlig familie blot 6 Gylden i måneden. Derudover blev erobringen af fæstningen Akkon under det Tredje Korstog i scenesat, det skete med byggeriet af små skibe og kulisser.

Under den anden tyrkiske belejring i 1683 brændte kirken ned til grunden og blev efterfølgende genopbygget. I årene der fulgte flyttede der flere og flere til Leopoldstadt og kirken blev for lille. I 1722 rev man kirken ned, for herefter at bygge den kirke, som man i dag kan se. Kirken blev tegnet af arkitekt Anton Ospel, og i 1723 blev kirken velsignet. Dog skal man helt frem til 1779 før kirken blev indviet. Kirken blev renoveret i 1824, mens Johann Baptist Weber var præst i kirken, senere var Johann Baptist Weber med til at grundlægge den første østrigske sparekasse, *Ersten österreichischen Spar-Casse.* Under Første Verdenskrig måtte kirken aflevere seks af i alt otte kirkeklokker til myndighederne, der herefter smeltede klokkerne for at bruge dem til krigsmateriale. Den 12. marts 1945 blev kirken hårdt ramt under et luftangreb, hvor også Staatsoper blev ramt. Kirken blev ramt af en tusind kilogram tung bombe, der fik taget og dele af murene til at styrte sammen og store dele af kirkens inventar gik tabt, heriblandt kirkens hovedalter som stammer fra omkring 1722-1725, efter krigen blev der skabt en kopi af det originale maleri. Døbefonten af rødt marmor stammer fra det 18. århundrede. Kirken blev genopbygget i årene 1946-1948 under ledelse af arkitekt Helene Koller-Buchwieser. I juni 1948 kunne biskop Franz Kamprath genindvie kirken.

Over indgangen til Leopoldskirche finder man en inskription på latin, som er blevet bevaret fra den tid, hvor man ombyggede den jødiske synagoge til en katolsk kirke. På latin står der: *Divo Leopoldo, Marchioni Austriæ, Patrono Provinciæ, in præsentia Leopoldi Rom. Imp. semper Augusti, Hung. Boh. Regis, Austriæ Archiducis, et Hispania Margaritæ Aug[ustissimæ] Conjugis, a Wilderico S. R. I. Principe Episcopo ordinario Synagogæ perversa a Patronis Daniele*

Lazaro Springer Consule Senatuque Viennensi in Ecclesiam conversa consecrata dedicata est post plene ab Austria inferiori abactos Hebræos, in festo Messiæ Parentis Virginis sine Ruga concepta, Zachariæ cognato sacro. På dansk står der noget i retning af: *Sankt Leopold, markgreve af Østrig og protektor for landet, i nærværelse af den mest fredfyldte romerske kejser Leopold, konge af Ungarn og Bøhmen, og ærkehertug af Østrig, og hans mest fredfyldte hustru Margaritha, Infanta af Spanien, von Wilderich, prins af det hellige romerske rige og biskop, kirken, som blev bygget efter synagogens fald under protektion af borgmester Daniel Lazarus Springer og byrådet i Wien, blev indviet efter den fuldstændige udvisning af hebræerne fra Nedre Østrig, på helligdagens festdag. Zakarias, blodsven til den ubesmittede bærer af Messias.*

Kirkens orgel blev i 1971 bygget af orgelbygger Greogor Hradetzky. I kirketårnet finder man to nyere klokker og en historisk klokke. Den mindste klokke er den eneste originale klokke, den stammer fra 1818, den vejer 550 kg og blev støbt af Johann Caspar Hofbauer den Yngre. De to nyere klokker stammer fra 1948, de vejer 888 kg og 1.405 kg, og er støbt hos klokkestøbervirksomheden Pfundner.

LICHTENTALER PFARRKIRCHE
Marktgasse 40 • 1090 Wien

Lichtentaler Pfarrkirche er en romersk-katolsk sognekirke i bydelen Lichtental i 9. Bezirk. Kirken kaldes også for Schubertkirche, da det var her Schuberts Messe i F-Dur samt talrige andre kirkelige musikstykker fra komponistens pen blev uropført.

Malteserkirche

Maria am Gestade

45

Derudover blev Franz Schubert døbt i kirken i 1797, derfor betød kirken noget særligt for Franz Schubert. Bydelen Lichtental blev grundlagt omkring vekslet mellem det 17. og 18. århundrede, men indtil der blev opført en kirke blev alle gudstjenester afholdt i lokaler på det lokale bryggeri. I starten blev der opført et lille kapel, Annenkapelle, men senere samme år, lagde kejser Karl den Sjette grundstenen til en *rigtig* kirke, som man formoder blev tegnet af Johann Lucas von Hildebrandt og Andrea Pozzo.

I 1723 blev Lichtental sogn delt fra Währinger Sognekirke og ophøjet til eget sogn. Den første præst var Dr. Carl de Giorgio, som kom til kirken fra Laibach. Selvom kirken blev taget i brug i 1714, var den først helt færdig i 1730, hvor den blev viet til *Den Vierzehn Nothelfern*, de fjorten nødhjælpere. I 1738 kom kirkens nye orgel, men befolkningen voksede og voksede, og snart var kirken for lille. Efter præsteboligen var opført, blev kirken udvidet. Man købte mere jord, så kirken kunne vokse ud mod den nuværende Wiesengasse. Udvidelsen af kirken blev tegnet af murermester Joseph Ritter, mens hoffets arkitekt Ferdinand von Hohenberg skabte kirkens højalter. Udvidelsen af kirken stod på mellem 1769 og 1773, og blev klar til kirkens 50 års jubilæum i 1773. I 1776 skabte Franz Zoller kirkens alterbillede, et billede der forestiller de 14 nødhjælpere. Der var dog en skønhedsfejl ved kirken, kirkens nordtårn var

ikke bygget færdigt, det skete først i 1827. Indtil 1713 blev afdøde fra Lichtental begravet på Währinger Ortsfriedhof, den nuværende Schubertpark, men i forbindelse med opførelsen af kirken blev der mellem Nußdorfer Straße, Nußgasse, Vereinsstiege og Rufgasse anlagt en kirkegård. Kirkens nuværende orgel, Schubert-Orgel, stammer fra 1984, eller nærmere præciseret indmaden i orglet gør, selve orgelhuset er det originale fra 1774, som orgelbygger Johann Michael Panzer byggede.

DE FJORTEN NØDHJÆLPERE

De fjorten nødhjælpere var en særlig gruppe af helgener, der kunne anråbes ved forskellige former for nød. De fjorten nødhjælpere bestod af tre kvindelige og 11 mandlige helgener, nemlig *Achatius* (hjælper ved dødsangst), *Ägidius* (hjælper ved tilståelse), *Barbara* (helgen for døende, skytshelgen for blandt andre minearbejdere, geologer og brandfolk og hjælper ved lyn- og brandfare), *Blasius* (skytshelgen for flere håndværksfag og beskytter af kvæg), *Christophorus* (blandt andet skytshelgen for rejsende, uvejr, søfolk, bilister, chauffører, bogbindere og for redningstjenester), *Cyriacus* (hjælper i den sidste time af livet), *Dionysius* (hjælper ved hovedpine og rabies), *Erasmus* (tilkaldes ofte til fødsler og ved sygdom blandt dyr), *Eustachius* (hjælper ved dødsfald og oprindeligt skytshelgen for jægere), *Georg* (hjælper ved feber, pest samt beskytter af husdyr), *Katharina* (beskytter af piger, jomfruer og hustruer), *Margareta* (beskytter af alle arbejdere), *Pantaleon* (skytshelgen for læger og jordemødre) og til slut *Vitus* (hjælper ved kramper, epilepsi, rabies, slangebid og alvorligere sygdomme som Chorea Huntington samt skytshelgen for apotekere, øl-bryggere, kroværter, vinproducenter, kobbersmede, dansere og skuespillere).

MALTESERKIRCHE
Kärntner Straße 37 • 1010 Wien

Omkring år 1100 dannede nogle korsriddere, i Jerusalem, hospitalsordenen Johanniterne. Efter en omtumlet historie endte den katolske gren, Malteserordenen, med at have hovedsæde på Malta, hvorfra ordenens nuværende navn stammer fra. Malteserordenen har viet sig til at hjælpe andre. Kirken blev opført i 1300-tallet, men i 1806 blev den ombygget.

MARIA AM GESTADE
Salvatorgasse 12 • 1010 Wien

Maria am Gestade er en af Wiens mange kirker, men en af de mest stille og stemningsfulde. Omkring år 900 lå der en trækirke, som blev benyttet af Donaufiskerne. Store dele af den nuværende kirke hviler på fundamentet af en tidligere romerske kirke. Den nuværende kirke stammer fra omkring år 1330, opført i gotisk stil. Grundet pladsmangel i det middelalderlige Wien blev kirken opført som en smal bygning med et knæk på midten. Tårnet har ikke en solid spids, som mange andre kirker, men et hulmønster. I kirken er den hellige Clemens Maria Hofbauer begravet, han var Wiens skytshelgen og den første tyske Redemptorist, som også kaldes for *Den Helligste Forløser*, som er en religiøs menighed i den katolske kirke, som er dedikeret til missionsarbejde. Det var fra kirken i Wien, hvorfra principperne i hans ordens fællesskab udgik til hele verden. Til dagligt er halvdelen af kirken spærret af, men søndag eftermiddag, efter gudstjenesten, er hele kirken åbnet op for besøgende. Bag kirken finder man et lille kloster, hvor de munke, der til dagligt passer og tilser kirken, bor.

MARIAHILFERKIRCHE
Barnabitengasse 14 • 1060 Wien

Mariahilfer Kirche, som også kaldes for Barnabitenkirche eller Haydn-Kirche, er en romersk-katolsk kirke i 6. Bezirk, Mariahilf. Kirken er beliggende på hjørnet af Mariahilfer Straße og Barnabitengasse. Den nuværende kirke er bygget på den grund som tidligere blev kaldt for *Im Schöff*. Her købte Barnabiterne en grund, som i 1660 blev erklæret til kirkegård af biskop Philipp Friedrich von Breuner. Desuden blev der opført et kapel af træ. Kapellet blev i 1668-1669 erstattet af et nyt kapel af sten. Nogle få år senere blev der ved siden af kapellet opført en lille bolig til præsten. Kapel og præstebolig blev begge ødelagt under den anden tyrkiske belejring i 1683. I 1686 lagde fyrstebiskop Ernst Graf

Trautson grundstenen til den nye Marienkirche på det sted, hvor kapellet oprindeligt havde ligget. Pengene til opførelsen af den nye kirke kom fra donationer, blandt andet fra fyrste Paul Esterházy. Kirken blev tegnet af Sebastiano Carlone den Yngre og Ambrosio Ferrethi. Den nuværende kirkes udseende skyldes Franziskus Jänckls tegninger, der udvidende og ombyggede kirken i 1711. I 1715 blev tårnene mod vest opført. Det var først i årene 1721-1726, at tårnenes tage blev belagt med kobber, og den vestlige facade blev udsmykket med statuer og relieffer, som blev skabt af J. Jakob og Ignatius Gunst. Kirken stod endelig færdigbygget i 1730, hvor den blev indviet af kardinal Sigismund von Kollonitsch.

Loftsmalerierne er malet af Johann Hauzinger og Franz Xaver Strattmann, som begge var elever hos Paul Troger. Kirken blev forbundet med præstegården med en buegang. Kirken blev i 1783 ophøjet til sognekirke, og blev indtil 1923 passet af Barnabiterordenen, hvorefter kirken blev overtaget af Salvatorianerne. Foran kirken kan man opleve en pestsøjle, en brønd med en statue af den hellige Leopold samt et mindesmærke til ære for komponisten Joseph Haydn (1732-1809). I krypten under kirken finder man et dagcenter for hjemløse, der drives af Caritas. Kirkens første orgel blev bygget af orgelbygger Gottfried Sonnholz i 1729, dette blev i 1763 erstattet af et nyt orgel, som blev bygget af Johann Hencke, mens orgelhuset, som stadig kan opleves, blev skabt af billedhugger Johann Leitner. Det nuværende orgel stammer delvist fra 1851, da orgelbygger Carl Hesse skabte et nyt orgel til kirken. Carl Hesses orgel blev udvidet af Johann Marcell Kauffmann i 1894. Orglet blev senest i 1996 gennemrenoveret af orgelbyggerfirmaet Walcker-Mayer for 1,3 millioner Schilling. I kirkens sydlige tårn hænger klokken som kaldes *Schustermichl*, som blev støbt i 1720, og vejer omkring 3.965 kg.

MARIA TREU
Piaristengasse 43 • 1080 Wien
www.mariatreu.at

I bydelen Josefstadt finder man sogne- og ordenskirken Maria Treu, som også kaldes for Piaristenkirche. Hvis man står midt på pladsen foran kirken finder man straks ud af, at det er et helt særligt sted. I midten af pladsen kan man opleve en smuk Mariasøjle, og i udkanten af pladsen kan man finde talrige beværtninger. Den virkelige sensation venter dog først, når man kommer ind i kirken, det er nemlig de unikke barokke loftfresker. De første piarister kom til Wien i 1697, det var til dem, at Piaristenkirche blev opført. Det er en barokkirke, som man formoder, blev tegnet af arkitekt Johann Lucas von Hildebrandt, et sted mellem 1698 og 1719, flere kilder siger, at kirken først stod færdigbygget i 1753, mens andre kilder siger, at det var i 1771. Kirken blev tilegnet Jomfru Maria, deraf navnet Maria Treu. Foran kirken, som nævnt, finder man statuen af den sejrende Jomfru Maria, som danner en symbolsk treenighed med et modsvarende billede af Maria på hovedaltret, hvor hun er afbildet som en tjenende ånd for sin søn, Jesus. Billedet blev malet af Josef Herz, som i 1713 var syg af pest, den sorte død. Han lovede, hvis han blev helbredt, at han ville tage på en pilgrimsrejse til Rom. Han blev rask og i Piaristernes hovedkirke malede han sin kopi af billedet *Muttergottes von den Frommen Schule* færdig. Billedet kom i første omgang til at hænge i smertens kapel, Schmerzenkapelle, men blev senere flyttet over i selve kirken.

Kirken består af et korsformet kirkerum, der er omgivet af en oval midte med en flad kuppel. I kuplen kan man opleve et loftsmaleri der indeholder tro, håb, kærlighed, krig og fred. Det øvrige loft er dekoreret med skyer, engle, helte og hellige. Men man finder også motivet af den himmelske moder Maria. Loftsmalerierne, som i øvrigt alle er scener fra det gamle Testamente, er udført af Franz Anton Maulbertsch, som var en betydningsfuld maler i den sene barok. Loftsmalerierne er malet i 1752. Kirkens orgel, som stammer fra midten af det 19. århundrede, har været benyttet af både Anton Bruckner og Franz Liszt. Det var i øvrigt dette orgel, hvor Anton Bruckner aflagde sin organisteksamen på i 1861. Senere har organister som Carl Führich og Hans Rott

spillet smukke melodier til et utal af gudstjenester. Kirken hører i dag under Piaristerordenen, som blev grundlagt af José de Calasanz, der var manden som oprettede de første gratis folkeskoler i Europa. Kirken er en romersk-katolsk kirke. Til kirken hører også et kollegium, et konvikt samt en malerisk kirkeplads.

Johann Lucas von Hildebrandt

Johann Lucas von Hildebrandt (1668-1745) kom til Wien for at gøre karriere som kongelig bygningsarkitekt. Han blev uddannet i Rom. Det siges, at Johann Lucas von Hildebrandt havde et anstrengt forhold til Johann Bernhard Fischer von Erlach, som allerede sad på posten som den øverste kongelige bygmester, en mand der ikke var glad for yngre og dygtige konkurrenter. Men da Johann Bernhard Fischer von Erlach døde i 1723 overtog Johann Lucas von Hildebrandt posten som den øverste kongelige bygmester. Selvom de to arkitekter begge tegnede barok arkitektur, tegnede Johann Lucas von Hildebrandt bygninger med livlige facader, såsom Oberes Belvedere, mens Johann Bernhard Fischer von Erlach tegnede facader med renere linier, såsom Karlskirche.

Maria von Siege
Mariahilfer Gürtel • 1150 Wien

Kirken Maria vom Siege er en tidligere romersk-katolsk kirke ved Mariahilfer Gürtel i 15. Bezirk, Rudolfsheim-Fünfhaus. Kirken blev i 2015 givet til den koptisk-ortodokse menighed. Sognet Fünfhaus blev nedlagt med virkning fra 30. juni 2016 og lagt under sognet i Reindorf. Dermed blev kirken en af i alt otte romersk-katolske kirker, som blev givet til andre kristelige trossamfund. Kirken blev opført i årene 1868-1875 efter arkitekt Friedrich von Schmidts tegninger, en arkitekt der også tegnede Rådhuset i Wien, dog havde Friedrich von Schmidt allerede tegnet udkastet til en kirkebygning i 1858, dog uden at kende en mulig byggeplads.

Rundt om otte de centrale søjler er der en ring af kapeller. Kirkens indre minder meget om St. Gereon kirken i den tyske by Köln. På højre sidealter finder man en kopi af billedet af Maria von Siege, som har lagt navn til kirken. Protektionen kan spores tilbage til legenden om det ødelagte gudebillede, som eftersigende var med til at bidrage til den katolske ligas sejr i Slaget ved Det Hvide Bjerg, i nærheden af Prag, i november 1620. Slaget var et af de første slag i Trediveårskrigen (1618-1648), som var med til at markere slutnin-

gen på krigens første fase, som også blev kaldt for Den Bøhmiske Krig. På den tidligere slagmark blev den romerske kirke Santa Maria della Vittoria opført. Kirken Maria vom Sieges kirke tårn er 68 meter højt. Kirkens orgel stammer fra 1873 og bygget af orgelbyggerfirmaet G. F. Steinmeyer & Co.

MARTINSKIRCHE ASPERN
Asperner Heldenplatz 9 • 1220 Wien

Martinskirche, eller Pfarrkirche Aspern, er en romersk-katolsk kirke i Aspern, som er en del af 22. Bezirk, Donaustadt. Kirken er viet til den hellige Martin. Den oprindelige kirke, som lå øst for Aspern, blev ødelagt under en oversvømmelse i 1670. Herefter valgte man at opføre en kirke på en bakketop vest for landsbyen. Kirken blev indviet i slutningen af november 1671. Under Slaget ved Aspern i 1809 lå kirken midt på slagmarken. Den østrigske feltmarskalløjtnant Johann von Hiller så det nødvendigt at sætte ild til kirken, da kirketårnet konstant var besat af franske skarpskytter. Kirken blev genopført i årene 1810-1813.

Kirkens alterbillede blev betalt af bagermester Michael Bauer og udført af Ludwig Mayer i 1862. Orglet blev bygget af orgelbygger Johann Georg Fischer til den nette sum af cirka 2.200 Gylden, og i forbindelse med fejringen af den hellige Martin, i 1813, kunne man høre organisten spille på orglet for første gang. Kirken har fire klokker, der vejer mel-

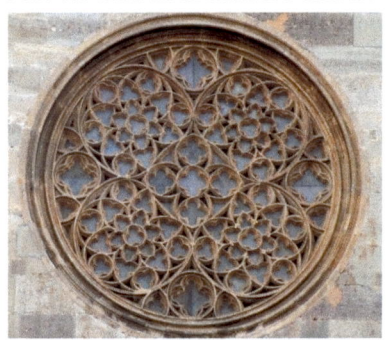

Detalje, Stephansdom

lem 120 og 620 kg. Den ældste klokke, som vejer 180 kg, stammer fra 1856. På pladsen foran kirken har man siden 1858 kunne opleve billedhugger Anton Dominik Fernkorns skulptur af en løve, Löwe von Aspern, som er et mindesmærke for ofrene for Slaget ved Aspern i 1809. På pladsen foran kirken kan man desuden opleve Kristusstatuen *den opstandne*, som stammer fra 1829. Statuen stod oprindeligt på den gamle Aspern Kirkegård, men blev flyttet her til pladsen, efter kirkegården blev omdannet til en park.

Nord for kirken finder man Sebastianikapelle, der blev opført i 1670. Det lille kapel har siden 1979 fungeret som udstillingssted for det lokale historiske museum, hvor man kan blive informeret om Slaget ved Aspern i 1809. Kirken er sognekirke for mere end 13.000 katolikker. Søndagshøjmesserne finder sted klokken 8.00, 9.30 og 19.00. Kirken fungerer desuden som uddelingssted for organisationen Caritas, der deler fødevarer ud til personer, der lever under fattigdomsgrænsen samt et sted, hvor organisationen yder rådgivning.

MECHITARISTENKIRCHE
Neustiftgasse 4 • 1070 Wien

Mechitaristenkirche, som også er en klosterkirke, er en kirke i 7. Bezirk, Neubau. Kirkens historie kan spores tilbage til 1599, da Kapucinerordnen kom til Wien. De opførte, i 1603, et lille kloster og en kirke på en plads i Sankt Ulrich, som blev viet til den hellige Franz. Kirke og kloster blev ødelagt under den anden tyrkiske belejring i 1683, men blev genopbygget i 1684. Klostret blev opløst i 1784 efter kejser Joseph den Anden indførte sin kirke- og klosterreform. I december 1810 blev kirken givet til de fordrevne Mechitarister fra Trieste, som købte kirken i 1814. De renoverede kirken og kirken blev viet til Maria Schutz.

Efter en storbrand i Sankt Ulrich, i 1835, blev det besluttet, at klostret skulle genopbygges efter Joseph Georg Kornhäusels tegninger. Grundstenen blev lagt i oktober 1837, og byggeriet blev ledet af Anton Hoppe. Kirke og kloster blev renoveret i 1871-1873 under ledelse af Camillio Sitte, efter kirken var blev afspærret af myndighederne på grund af forfald. I august 1874 kunne man genindvie kirken. Kirkens orgel er bygget af orgelbygger Carl Hesse i 1874. Desuden kan man se fresker i kuplen, der er malet af Friedrich Schilcher, samt vægmalerier der er malet af Josef Kleinert. I kirken finder man desuden to religiøse billeder, nemlig billedet *Maria Mutter der schönen Liebe*, som man formoder stammer fra det 17. århundrede, samt oliemaleriet *Heilige Anna lehrt Maria lesen*, som man formoder blev malet af Franz Anton Maulbertsch.

Mechitaristerne er en armensk-katolsk munkeorden, der tidligere også gik under betegnelsen *Den Hellige Antonius Orden*, som blev grundlagt i 1701 af Mechithar von Sebaste (1676-1749) i det daværende Konstantinopel, det nuværende Istanbul, for den religiøse og åndelige omsorg for armenierne, der var forfulgt af de islamiske tyrkere. Munkeordenen opnåede Pavens godkendelse i 1711 og tog Benediktinerreglerne til sig. Ordenens øverste råd befandt sig i Grækenland fra 1703 til 1714, men flyttede til Venedig i 1717. En gren af ordenen afviste en række reformer, og flyttede til Trieste i 1773, hvor de tog navnet Mechitatisterne, og i 1776 grundlagde de et trykkeri. Mechitaristerne flyttede i 1805 til Wien, hvor de overtog det opløste kapucinerkloster i Sankt Ulrich, som var en forstad til Wien, og nu en bydel i 7. Bezirk, Neubau. I 1811 grundlagde de et trykkeri, hvor de trykte bøger og tidsskrifter på omkring 50 orientalske sprog. Ordenen købte i 1828 en sommerresidens, et tidligere Franciskanerkloster i Klosterneuburg, hvor de fik arkitekt Joseph Georg Kornhäusel til at ombygge klostret. I 1837 byggede de et nyt kloster i Sankt Ulrich, og i 1871 byggede de en ny kirke ligeledes i Sankt Ulrich. Deres bibliotek omfatter 2.600 armenske håndskrifter, cirka 130.000 bøger samt cirka 170.000 bøger med tidskrifter.

MEIDLINGER KIRCHE
Migazziplatz • 1120 Wien

Meidlinger Pfarrkirke er en romersk-katolsk sognekirke i 12. Bezirk, Meidling, som blev opført i årene 1842-1845 efter Carl Rösners planer. Kirken er viet til den hellige Johannes von Nepomuk. Der har dog været en kirke på stedet før, den første kirke i Meidling blev opført omkring 1732-1733 på opfordring fra kejser Karl den Sjette. Den kirke var også viet til den hellige Johannes von Nepomuk, i øvrigt som den første østrigske kirke. Den hellige Johannes von Nepomuk er skytshelgen mod oversvømmelser, og Meidling var ofte ramt af oversvømmelser fra den nærliggende Wienfluß. Kirken, eller ja kapellet, som oprindeligt tilhørte Penzing sogn, blev i 1784 ophøjet til selvstændigt kirkesogn under klostret Stift Klosterneuburg. Men den lille kirke blev hurtigt for lille, og man besluttede at opføre en ny og større kirke. Kirken og dens inventar blev under Anden Verdenskrig ødelagt. Efterfølgende er der skabt en kopi af det originale alterbillede. Kirkens første orgel blev bygget af orgelbygger Alois Hörbiger, men efter Første Verdenskrig fungerede det ikke længere optimalt. I 1932 blev orglet fjernet, den sidste salme der blev spillet var *Maria zu lieben, ist allzeit mein Sinn*. Det nye orgel blev bygget af den lokale orgelbygger Johann Marcell Kauffmann i 1933.

MICHAELERKIRCHE
Michaelerplatz • 1010 Wien
www.michaelerkirche.at

Michaelerkirche blev opført omkring år 1200. Kirkerummet er fuld af kunsthistorie. Kirken var tidligere det kejserlige hofs kirke. Kirkens al-

ter stammer fra 1823 og skulle fore-
stille gravlægningen af Jesus. Der
findes middelalderlige kalkmalerier,
og rent musikalsk blev Wolfgang
Amadeus Mozarts *Requiem* uropført
i denne kirke, blot fem dage efter
Mozarts død i december 1791. Un-
der kirken finder man krypten, hvor
cirka 4.000 personer fra Wiens bed-
re borgerskab er blevet begravet
gennem flere århundreder. Det siges,
at hvis man blev begravet i krypten
under Michaelerkirche var det som
at blive begravet som kejserfami-
lien. I dag kan man stadig opleve
mere end hundrede sarkofager. Til
højre for kirkens indgang finder man
en port, bag denne port er der en
gyde, hvor der i retning af Stallburg-
gasse findes en bibelsk figurgruppe

Minoritenkirche

Minoriterne
*Minoriterne er en munkeorden
under Franziskanerordenen.*

---

fra 1200-tallet. Siden 1923 har kir-
ken tilhørt Salvatorianerne. Det er
muligt at komme på rundvisninger i
krypten, informationer findes på kir-
kens hjemmeside.

MINORITENKIRCHE
Minoritetenplatz 2 A • 1010 Wien
www.minoritetenkirche-wien.info

Kirken, Minoritetenkirche, mino-
riternes kirke, blev opført efter
bybranden i 1275. Grundstenen til
kirken blev lagt af Ottokar Přemysl i
1276, som en af Østrigs første goti-
ske kirker. Den sidste ombygning af
kirken skete i 1340erne. Kirkens tårn
blev beskadiget under tyrkernes
belejringer, og efter en fuldtræffer
i 1683 valgte man at lade kirketår-
net stå uden spir. I 1782, da Joseph
den Anden opløste de fleste klostre
i Østrig overgik denne kirke til den
italienske menighed og viet til San-
ta Maria Maggiore. Dengang, som nu,
spillede kirken en rolle som en af de
ældste og kunstnerisk mest værdi-
fulde kirker i Wien. I kirken finder
man talrige værdifulde kunstværker,
blandt andet to malerier af Daniel
Gran samt et mosaikbillede, der er
sat sammen af tusindvis af mosa-
iksten. I kirken finder man librettist
Pietro Metastasios gravkapel. Deu-
den finder man i kirken også en kopi
af Leonardo da Vincis maleri *Det
sidste måltid*, originalen finder man i
Milano, men kopien er i bedre stand

og mere farverig. Der er en lille forskel på de to billeder, for på maleriet i Wien kan man se fødderne på Jesus, det kan man ikke på originalen.

NEULERCHENFELDER PFARRKIRCHE
Neulerchenfelder Straße 47
1160 Wien

Neulerchenfelder Pfarrkirche er en tidligere romersk-katolsk kirke, der var viet til Jomfru Maria. Kirken blev opløst i 2013 og overtaget af den serbisk-ortodokse menighed, som kalder kirken for Mariä-Geburt-Kirche, på serbisk: Црква Рођења Пресвете Богородице (*Crkva Rođenja Presvete Bogorodice*). Kirken blev opført i årene 1732-1753, og indviet i maj 1757 af biskop Franz Anton Maurer. Kirken blev ophøjet til selvstændig sognekirke i maj 1761. Kirken blev den 15. januar 1945 ramt under et bombardement, og blev næsten totalt ødelagt, kun få ting overlevede, herunder statuen af den hellige Maria. Kirken blev efterfølgende genopbygget, og kunne genindvies i oktober 1957. Kirken har i alt seks klokker, som er fordelt i de to kirketårne. Den ældste klokke stammer fra 1737, den vejer 85 kg, støbt i bronze af klokkestøber Franz Scheichel. Den næstældste klokke stammer fra 1885, den vejer 120 kg, støbt i bronze af klokkestøber Peter Hilzer. De sidste fire klokker stammer fra 1921, de vejer 250 kg, 400 kg, 700 kg samt 1.100 kg, de er alle støbt i stål hos klokkestøbervirksomheden Böhler.

NEUOTTAKRINGER KIRCHE
Familienplatz 16 • 1160 Wien

Neuottakringer Kirche er en romersk-katolsk sognekirke, der er viet til den hellige familie, *Zur Heiligen Familie*. Kirken, som er beliggende i 16. Bezirk, Ottakring, mere præcis mellem Wattgasse, Degengasse, Rückertgasse og Arnethgasse, blev opført i årene 1894-1898. Det var kejser Franz Joseph den Første, der i starten af oktober 1894 lagde grundstenen til kirken, og fire år senere, blev kirken indviet af biskop Johann Baptist Schneider. Det var en festlig begivenhed med en anelse vemod og trist stemning, da kejserinde Elisabeth, Sisi, var blevet myrdet et par uger tidligere. Pengene til opførelsen af kirken kom fra en arv fra Franziska Brüssel samt fra kirkebyggerforeningen i Ottakring, som havde haft kronprins Rudolf som protektor. Efter kronprins Rudolfs selvmord i januar 1889, besluttede man, at kirken ikke skulle navngives Rudolfskirche, men blev i stedet navngivet *Zur Heiligen Familie*, som i den katolske kirke er Jesus af Nazaret, hans mor Jomfru Maria samt hans far, eller stedfar, Josef.

Kirken er tegnet af wienerarkitekterne Alexander Wielemans von Monteforte og Theodor Reuter, men kirken blev opført under hofbyggemester Josef Schmalzhofers ledelse. Kirkens to tårne er 68 meter høje, som dermed gør kirken i Ottakring til en af de højeste kirker i Wien. Kirkens oprindelige orgel blev bygget af orgelbygger Franz Capek fra Krems, men blev ombygget af orgelbygger Ferdinand Molzer den Yngre i 1937. Efter en renovering af orglet i 1979 var man ikke tilfreds, og man valgte derfor at stoppe med at bruge Capeks oprindelige orgel. Derfor fik man orgelbygger Walcker-Mayer til at bygge nye dele til orglet, men i 1984 solgte man orglet, og det blev flyttet til Cistercienserklostret Marienfeld i Maria Roggendorf. I 1984 fik man orgelbyggerværksted Rieger til at bygge et helt nyt orgel, og i 1989 var det komplette orgel klar til brug. Kirken har fem klokker, den ældste og mindste klokke stammer fra 1897, den vejer 88 kg og støbt af klokkestøber Peter Hilzer. De fire andre klokker stammer fra 1948, de vejer 135 kg, 201 kg, 417 kg samt 1.122 kg, de er alle støbt på klokkestøberværkstedet Pfundner.

Ober St. Veiter Kirche
Wolfrathplatz 1 • 1130 Wien

Ober St. Veiter Kirche er en romersk-katolsk sognekirke i bydelen Ober St. Veit, som er en del af 13. Bezirk, Hietzing. Kirken er forbundet med ærkebiskoppens tidligere slot. Kirken blev opført i 1260, og nævnt som sognekirke første gang i 1298. Kirken blev erhvervet af domprovstiet ved Stephansdom i 1365. Under de to tyrkiske belejringer, 1529 og 1683, blev kirken ramt af brande og talrige ødelæggelser. Men gang på gang er kirken blevet genopført, og i 1742-1745 blev kirken ombygget. I 1904 blev krypten under koret mu-

ret til. I 1994 blev der opført et nyt og større dåbskapel, som er tegnet af den lokale arkitekt Hermann Bauer. Dåbskapellet fungerer til dagligt også til andagter og gudstjenester. Kirkens højalter stammer fra 1745. Orglet stammer fra 1932 og er bygget af orgelbygger Johann Marcell Kauffmann. Kirken er viet til Maria, syndernes og St. Vitus' tilflugt.

Paulanerkirche
Irene-Harand-Platz • 1040 Wien

Paulanerkirke er en fredet romersk-katolsk kirke i 4. Bezirk, den er beliggende på pladsen Irene-Harand-Platz, som er beliggende i svinget, hvor Favoritenstraße bliver til Wiedner Hauptstraße. Irene Harand var en katolsk kvinde, der var med til at starte en protestbevægelse mod den voksende antisemitisme og nationalsocialisme i Europa. Hun var desuden stor modstander af Hitler.

Paulanerkirche kan spores tilbage til 1211, hvor den var viet til den hellige Antonius. Senere kom den til at høre under ridderordenen *Heiligen Geist*. Under den første tyrkiske belejring, i 1529, blev kirken lagt i ruiner. Ridderordenen var i mellemtiden blevet opløst og kirkens ejendom overgik til biskoppen af Wien. I forbindelse med en modreformation kaldte kejser Ferdinand den Anden i 1626 ridderordenen *den hellige Franz Paola*, bedre kendt som *Paulanerordenen*, til Wien. De gik straks i gang med at opføre en kirke på Wiedner Hauptstraße, kirkens navn blev

Peterskirche

Paulanerkirche. Kirken, eller klosterkirke som det nærmere var, blev indviet af biskop Philipp Friedrich von Breuner i 1651. Kirkens arkitekt og byggemester er ukendt.

Under den anden tyrkiske belejring, i 1683, blev kirken stærkt ødelagt, men blev hurtigt renoveret. I 1717 fik kirken tilført det nuværende kirketårn og i 1730 blev facaden ændret en anelse. Paulanerordenen blev opløst i 1784, hvorefter det nærliggende kloster blev revet ned, kun en del af det oprindelige kloster blev bevaret, og det kan man i dag opleve ud mod Paulanergasse, hvor sognekontoret er beliggende. Kirken er løbende blevet renoveret, og i 1963 blev en del af pladsen foran kirken inddraget, da man ændrede vejens forløb. Brønden *Schutzengelbrunnen,* som siden 1846 havde stået på pladsen, blev flyttet til Rilkeplatz. Præstebroderskabet *Sankt Petrusim tridentinischen Ritus* har siden 2016, afholdt deres daglige messer i kirken, sideløbende med de almindelige messer og gudstjenester. Paulanerkirke har siden 2017 været en del af sognet, der kaldes for *Pfarre zur Frohen Botschaft,* som udover Paulanerkirche også omfatter kirkerne Sankt Elisabeth, Sankt Florian, Sankt Thekla og Sankt Karl Borromäus.

PEREGRINIKAPELLE
Grünentorgasse 16 • 1090 Wien

Peregrinikapelle er beliggende på den nordlige side af sognekirken

Pfarrkiche Rossau. Man besluttede at opføre kapellet kort efter, at Peregrinus Laziosi var blevet helgenkåret den 27. december 1726. Grundstenen til kapellet blev lagt 11. september 1727. Til ære for den hellige Servitenbroder Peregrinus Laziosi, blev kapellet viet til ham. Det lille kapel stod allerede klar til at tage i brug i december 1727. Men ganske kort efter indvielsen af kapellet, opstod der et behov for et større kapel. Derfor lagde man i juni 1728 grundstenen til den første udvidelse af kapellet, da en stor donation fra Anna Maria von Roggenfels på 5.000 Gylden gjorde det muligt. I 1729 fik kapellet en offertavle samt en lampe. I 1735 fik de et relikvie i form af et helbredt ben fra den hellige Peregrin samt et ægthedscertifikat. I 1474 fik kapellet et skrin med den voksfigur, som havde været til stede i forbindelse med helgenkåringen i 1726. Voksfiguren blev senere udskiftet med en figur af træ. Den originale voksfigur blev herefter opbevaret på Servitenkloster. Kapellet blev udvidet mellem 1765 og 1766 under ledelse af Melchior Hefele. I kapellet kan man opleve to værdifulde fresker som Joseph Adam Ritter von Mölk malede i 1767.

PETERSKIRCHE
Petersplatz 1 • 1010 Wien

Peterskirche, Peterskirken, er beliggende i hjertet af det oprindelige Wien. Den nuværende kirke er den tredje på dette sted. Den første kirke blev opført i anden halvdel af det fjerde århundrede, da man ombyggede en kasernebygning i den romerske lejr Vindobona, det gør Peterskirche til den ældste, og den første sognekirke, i Wien. Den anden kirke var en ombygning og udvidelse af den første kirke. Mens den nuværende kirke blev opført efter kejser Leopold den Førstes ønsker eller befalinger, da han var taknemmelig ovenpå pestepidemien, der havde hærget i Wien i 1679. Omkring år 1701 var kirken forfaldet, og man valgte at få Johann Lucas von Hildebrandt og Gabriele Montani til at tegne den nye kirke, som man opførte i årene 1702-1733. Kirken er viet til den Allerhelligste Treenighed samt til den hellige Petrus (Peter). Peterkirkens loftmalerier blev malet af hofmaler Johann Michael Rottmayr. Malerierne forestiller Jomfru Marias himmelfart. Prædikestolen er skabt af Mathias Steinl i 1716. Altrets skulpturer, som er udført af Lorenzo Mattielli, skildrer beretningen om den hellige Johannes Nepomuk. Ved juletid kan man i kirkens krypt opleve en samling af traditionelle julekrybber. Krypten, som strækker sig under hele kirken, er den ældste del af kirken.

PFARRKIRCHE ATZGERSDORF
Kirchenplatz 1 • 1230 Wien

Pfarrkirche Atzgersdorf er en romersk-katolsk sognekirke i Atzgersdorf, som er en del af 23. Bezirk, Liesing. Kirken er viet til den hellige Katharina. Man kan spore kirkehistorien i Atzgersdorf tilbage til det

tidlige 14. århundrede, mere præcis til 1345, da man første gang kunne læse om sognet Nicolaus i skriftlige kilder. I århundreder hørte beboerne i de nærliggende landsbyer i Altmannsdorf, Erlaa, Hetzendorf, Liesing, Mauer, Siebenhirten samt dele af Kalksburg under sognet i Atzgersdorf. Efter kirkereformen i 1783 blev sognene organiseret på ny, det førte til, at det kun var Erlaa der fortsatte med at høre under Atzgersdorf, mens de øvrige blev selvstændige sogne. Erlaa blev et selvstændigt sogn i 1975. Som kompensation for tabet af de mange sogne, valgte ærkebiskoppen af Wien, Christoph Anton von Migazzi, at finansiere byggeriet af en ny sognekirke i Atzgersdorf. Den nye kirke blev tegnet af arkitekt Andreas Fischer. Under Første Verdenskrig måtte kirken aflevere deres klokker til myndighederne, der herefter smeltede dem om til krigsmateriale. I 1920 fik kirken fire nye klokker. Under Anden Verdenskrig blev kirkens tag og klokketårn ødelagt, men skaderne blev repareret i 1948.

PFARRKIRCHE BREITENSEE
Laurentiusplatz • 1140 Wien

Pfarrkirche Breitensee er en romersk-katolsk sognekirke i Breitensee, som er en del af 14. Bezirk Penzing. Der lå oprindeligt et lille slotskapel her, hvor der var plads til omkring 100 kirkegængere, men med tilvæksten af beboere, blev kapellet for lille, og man ønskede at opføre en ny kirke. Derfor blev der i

1886 stiftet en kirkebyggerforening, som skulle skaffe pengene til den nye kirke. Kirken blev opført i forbindelse med kejser Franz Joseph den Førstes 50 års regeringsjubilæum, og viet til den hellige Laurentius. Kirken, som blev opført fra 1895 til 1898, blev tegnet af byggemester Ludwig Zatzka, som havde været elev hos Friedrich von Schmidt, som mest kendes for at have tegnet Wiens Rådhus. Kirkens orgel er bygget af orgelbyggerværkstedet Mauracher i 1898, orglet blev betalt af byggemester Ludwig Zatzka og hans hustru Maria. Desuden betalte byggemesteren og hans familie også kirkebænkene, kirkens klokker samt malerier. I 1905 blev Schloß Breitensee og det oprindelige Laurentiuskapel revet ned. Under de to verdenskrige måtte kirken aflevere kirkeklokkerne, som blev smeltet om til krigsmateriale. Kirken slap for de helt store skader under Anden Verdenskrig. Siden 1995 har U-banelinie U3 kørt et stykke under kirken.

PFARRKIRCHE BRUCKHAUFEN
Kugelfanggasse 29-31 • 1210 Wien

Pfarrkirche Bruckhaufen, St. Elisabeth, er en romersk-katolsk sognekirke i boligområdet Bruckhaufen i 21. Bezirk, Floridsdorf. Mellem den gamle Donau og den nye Donau opstod der et boligområde med enfamiliehuse. Boligområdet hørte egentligt til sognet i Donaufeld, som lå et godt stykke fra boligområdet. Derfor valgte ægteparret Josef og Maria Schwarz at indrette et væ-

relse i deres hus på Birneckergasse 12, hvor de og deres naboer kunne afholde andagter. Rummet blev indviet den 22. november 1931. I 1937 besluttede klostret Stift Klosterneuburg at støtte opførelsen af en lille kirke i boligområdet, kirken blev tegnet af arkitekt Robert Kramreiter. Kirken blev viet til den hellige Elisabeth. Kirken var fra 1975 til 2020 en selvstændig sognekirke, hvor sognene Kaisermühlen, Bruckhaufen-St. Elisabeth samt Christus, Hoffnung der Welt, også kaldet Donaucitykirche, blev lagt sammen med sognet Heiligen Maria Magdalena an der Alten Donau.

PFARRKIRCHE DORNBACH
Rupertusplatz 5-7 • 1170 Wien

Pfarrkirche Dornbach er en romersk-katolsk sognekirke i Dornbach i 17. Bezirk Hernals. Kirken er viet til den hellige Petrus og Paulus. Kirkens historie kan spores tilbage til det 11. århundrede, da benediktinermunke fra klostret St. Peter i Salzburg kom til Dornbach, hvor de i 1044 havde fået to gårde, eller såkaldte Edelhuben, af grev Sighard den Fjerde. I nærheden af de to gårde blev der i 1330erne opført et kapel, som i 1339 blev indviet af biskop Reginbert fra Passau. Kapellet blev ødelagt under den første tyrkiske belejring i 1529, genopført i 1536, inden kapellet atter blev ødelagt under den anden tyrkiske belejring i 1683. Kapellet blev genopført i 1687, og i 1756 blev kapellet udvidet. Men der var rent faktisk allerede blevet opført et højere kirketårn i 1716. Man skal dog helt frem til starten af 1930erne før der blev opført en rigtig kirke. Kirken blev tegnet af Clemens Holzmeister og indviet i juni 1932. Kirken var indtil 1995 ejet af benediktinerklostret St. Peter i Salzburg, men har siden været ejet af ærkebiskoppen i Wien. Siden oktober 2015 har man kunne se og høre organist og komponist Anton Heillers orgel i kirken. Orglet blev bygget af orgelbygger Greogor Hradetzky på rekordtid, blot 10 måneder tog det ham at bygge orglet i 1964, som var det første mekaniske koncertsalsorgel efter Anden Verdenskrig. Orglet blev bygget til Koncerthuset, Konzerthaus, i Wien, nærmere præcis til Mozartsalen. Orglet blev i 1995 flyttet fra Koncerthuset til sognekirken i Korneuburg, men blev i sommeren 2015 flyttet til sognekirken i Dornbach. Dornbach var organist og komponist Anton Heillers hjemstavn.

PFARRKIRCHE ZUR DREIMAL WUNDERBARE MUTTERGOTTES
Buchengasse 108 • 1100 Wien

Sognekirkenirken zur Dreimal Wunderbaren Muttergottes er en romersk-katolsk filialkirke i 10. Bezirk, Favoriten. Der har siden før Første Verdenskrig været to sognekirker i 10. Bezirk, sognekirken på Keplerplatz samt sognekirken St. Anton von Padua, som til sammen havde 160.000 katolikker. Manglen på plads i de to kirker førte til, at man

opførte en lang række mindre steder, hvor man kunne afholde gudstjenester. Et af disse steder var det blot 20 m² store *Mater Ter Admirabilis* kapel, som blev opført på stedet, hvor man i dag finder denne kirke. Ja, 20 m² var ikke meget, og snart var der behov for mere plads, og kapellet blev udbygget i 1932. Men udvidelsen var heller ikke nok, så allerede i 1933 begyndte man at tænke på opførelsen af en kirke. Men det var ikke bare lige så nemt på dette tidspunkt, Wien var ramt af stor arbejdsløshed og pengene var små. Derfor blev det foreslået at opføre kirken i etaper, det blev accepteret. Kirken blev tegnet af arkitekt Robert Kramreiter, og det første der blev bygget var alterrummet. Alterrummet, som blev indviet i november 1933, fungerede som kirke, indtil man havde opført den anden etape.

Anden etape, som var kirkeskib samt kirketårn, kunne på grund af krigen ikke realiseres, og man valgte i stedet at ophøje det eksisterende kirkerum til sognekirke i maj 1942. Kirken blev i slutningen af Anden Verdenskrig ramt af en bombe, hvor glasvinduerne og taget blev ødelagt, desuden var kirken udsat for talrige plyndringer og hærværk. Knapt var man kommet sig over Anden Verdenskrig før hagl og orkanagtige storme ødelagde mere af kirken og satte den under vand. Kirken blev renoveret og ombygget i 1971, og i 1973 fik kirken et orgel, som blev bygget af orgelbyggerværkstedet Walcker. Sognet blev opløst i november 2015, og er i dag en filial-kirke i det nye sogn Göttliche Barm-herzigkeit.

PFARRKIRCHE FLORIDSDORF
Pius-Parsch-Platz 3 • 1210 Wien

Pfarrkiche Floridsdorf er en ro-mersk-katolsk sognekirke i 21. Bezirk Florisdorf. På grund af de tolv store skulpturer af de tolv apostle, som man kan se på kirkens facade, kaldes kirken i folkemunde også for *Zwölf-Apostel-Kirche, de tolv apostles kirke.* Kirken blev opført i 1836 til korher-rerne på klostret Klosterneuburg. Før denne kirke havde der været et kapel, som blev opført i begyndelsen af 1800-tallet, men under den fran-ske belejring i 1809 blev kapellet delvist revet ned, for at give plads til opførelsen af et kanonbatteri, sene-re rev man ruinerne af kapellet helt ned. Kapellet stod på den nuværen-

Detalje, Stephansdom

de parkeringsplads foran kirken. Den nye kirke, St.-Jakobs-Kirche, blev på grund af tilvækst i befolkningstallet hurtigt for lille, i stedet blev der i 1936-1938 opført en ny kirke, som var tegnet af arkitekt Robert Kram-reiter, hvorefter kirken St. Jakob blev revet ned. Den nye kirke blev kaldt for St. Josefs Kirche. Grundstenen til den nye kirke blev lagt i december 1937, men kirken blev først indviet i 1958. Kirken blev svært ødelagt un-der Anden Verdenskrig, og gennem-renoveret i 1955.

PFARRKIRCHE GERSTHOF
Bischof Faber-Platz 18 • 1180 Wien

Pfarrkirche Gersthof er en ro-mersk-katolsk sognekirke i bydelen Gersthof i 18. Bezirk, Währing. Kir-ken er viet til den hellige Leopold. Kirken er tegnet af arkitekt Richard Jordan fra Wien, mens byggeriet blev ledet af hofbyggemester Josef Schmalzhofer. Kirken, som er opført mellem 1887 og 1891, erstattede Jo-hannes-Nepomuk-Kapelle, som fra 1783 til 1891 fungerede som sog-nekirke. Før 1736 havde Gersthof slet ikke en kirke eller et kapel, men byggeriet af Johannes-Nepomuk-Ka-pelle kan man takke hofkrigsråd Matthäus Lydl von Schwanau (1666-1749) for. Det var nemlig ham der fik opført kapellet ved siden af sit hjem på Gersthofer Straße 129. Det var et lille kapel med plads til blot 40 personer, men alligevel blev ka-pellet ophøjet til sognekirke i 1783. Byggeriet af den nye kirke kan man takke præst Dr. Ignaz Winkelmayer for, som i januar 1885 grundlagde en kirkebyggerforening, som skulle samle penge ind til byggeriet af en ny og større kirke. Grundejer Albert Dub og byrådet i Gersthof stillede den tidligere kirkegård til rådighed, og man valgte, at kirken skulle vies til den hellige Leopold i anledningen af 400 året for hans helgenkåring. Kirkens alter, som blev tegnet af arkitekt Richard Jordan, indeholder figurerne af den hellige Leopold, Franz von Assisi, Elisabeth von Thüringen, Theresa von Ávila og Johannes Nepomuk. I kirken finder man også en skulptur af den Hellige Cäcilia von Rom, som er skabt af kunstneren Ferdinand Stuflesser. Kirkens orgel stammer fra 1933 og er bygget af orgelbyggerværkstedet Dreher & Flamm. Arkitekt Richard Jordans tegninger af kirken blev udstillet på Verdensudstillingen i Paris i år 1900.

PFARRKIRCHE HETZENDORF
Marschallplatz 6 • 1120 Wien

Pfarrkirche Hetzendorf, som egentlig hedder *Maria, der Königin des hochheiligen Rosenkranzens*, eller blot *Rosenkranzkirche*, er en romersk-katolsk sognekirke i bydelen Hetzendorf, 12. Bezirk, Meidling. Landsbyen Hetzendorf hørte oprindeligt til sognet i Atzgersdorf, men efter kejser Joseph den Andens kirkereformer i 1783, blev Hetzendorf tildelt deres eget sogn. Kapellet på Schloß Hetzendorf fungerede i mange år som sognekirke. Men som i mange andre landsbyer, som siden hen er blevet

indlemmet i Wien, voksede befolkningstallet, og der var behov for en ny og større kirke. Men for at finde penge til kirkebyggeriet blev der stiftet en kirkebyggerforening som samlede penge ind. Man fik arkitekterne Hubert Gangl og Eugen Felgel til at tegne kirken, som blev opført i årene 1908-1909. Kirkens indre blev skabt af træskærer Franz Zelezny. I 1909 valgte ærkebiskoppen i Wien, at den nye kirke skulle være sognekirke i stedet for Slotskapellet. Under Anden Verdenskrig søgte bydelens beboere beskyttelse i kirken under luftangreb. Men den 17. oktober 1944 blev kirken ramt under et luftangreb, og 16 borgere, som havde søgt beskyttelse i kirken, blev dræbt. Kirken blev delvist genopbygget i 1949. Men efter mange og lange diskussioner blev det i 1956 endeligt besluttet, hvordan kirken skulle genopbygges og renoveres. Man valgte arkitekterne Johann Georg Gsteu og Friedrich Achleitner til at stå for arbejdet, pengene blev bevilliget og i 1958 kunne man endelig komme i gang med både genopbygning og renovering af hele kirken.

PFARRKIRCHE KALKSBURG
Breitenfurter Straße 526 • 1230 Wien

Kalksburger Pfarrkirche, hvis rigtige navn er Zum heiligen Petrus in Ketten, er en romersk-katolsk sognekirke i bydelen Kalksburg i 23. Bezirk, Liesing. Kirken blev opført i 1793-1801 efter Franz von Macks ønske. Franz von Mack ejede grundrettighederne over Kalksburg. Der havde oprindeligt ligget et kapel i landsbyen, som indtil 1783 havde hørt under sognekirken i Atzgersdorf. I 1793 blev kapellet revet ned og arkitekt Johann Baptist Zobel fra Tirol fik opgaven med at tegne og opføre den nye kirke. I 1805 blev den nye kirke ophøjet til selvstændig sognekirke. Kirkens loftsmalerier er udført af Hubert Maurer, Paul Troger samt Joseph Keller. Kirkens orgel stammer fra 1801 og er bygget af orgelbygger Anton Pfliegler. Orglet er, trods få ombygninger og reparationer, det oprindelige orgel.

PFARRKIRCHE KÖNIGIN DES FRIEDENS
Quellestraße 197 • 1100 Wien

Kirken Königin des Friedens er en romersk-katolsk kirke i 10. Bezirk, Favoriten. I midten af det 19. århundrede var området, hvor kirken i dag befinder sig, hovedsageligt marker, og de få beboere hørte under kirken St. Elisabeth. I 1876 blev de første sogne i bydelen grundlagt, og i den forbindelse blev der opført flere såkaldte nødkirker, herunder kapellet Königin des Friedens. Det var et lille kapel af træ, som under Første Verdenskrig også fungerede som hospitalskirke. I år 1922 blev nødkirken, som havde plads til 800 kirkegængere, herunder 250 siddende, indviet. Målet var at blive ophøjet til selvstændigt sogn, men på grund af den økonomiske krise, var det ikke helt så nemt. Men det lykkedes endeligt i 1930 at finde en plads til opførelsen af den nye kirke, og i september 1933 kunne man ligge grundstenen til kirkebyggeriet. I april 1935 lykkedes det endeligt at blive ophøjet til et selvstændigt kirkesogn. I november 1935 kunne man indvie den nye kirke. Med virkning fra 1. november 2015 blev sognene Dreimal Wunderbare Muttergottes, St. Anton von Padua og Katharina von Siena lagt sammen med sognet Königin des Friedens, og det nye sogn bærer navnet Göttliche Barmherzigkeit. Kirken er tegnet af arkitekterne Leo Schmoll og Robert Kramreiter. Kirken er 52 meter lang, 22 meter bred og kirkeskibet er 16,5 meter højt. Der er plads til godt 3.000 kirkegængere, hvoraf de 480 kan sidde ned.

PFARRKIRCHE MARIA HIETZING
Am Platz 1 • 1130 Wien

Pfarrkirche Maria Hietzing er en romersk-katolsk sogne- og pilgrimskirke i 13. Bezirk, Hietzing. Der, hvor man i dag finder kirken, det vil sige i nærheden af stedet, hvor Lainzerbach udmunder i Wienfluß, stod der allerede i det 13. århundrede et kapel, der var viet til Jomfru Maria. I 1253 byttede chefen for den Tyske Orden, Ortolf von Traiskirchen, den landbrugsgård som hørte til klostret i Hyecingen (Hietzing) samt tilhørende kirke, til ejendomme i Stockstall, Ziersdorf og Dürnbach, som hørte til klostret i Klosterneuburg. Hietzinger Kirke var allerede en selvstændig kirke, som tilhørte godsejeren, som årligt fik indtægter fra to vinmarker samt 18 spande med minerettigheder, som i dette tilfælde blev afregnet i vin. Til gengæld skulle godsejeren så betale kirkens udgifter samt sjælesorg. I slutningen af 1200-tallet blev klostret i Klosterneuburg eneejer af landsbyen. Kirkens selvstændighed var dog kun givet i forhold til de verdslige myndigheder, da kirken egentligt hørte under sognet i Penzing.

Da kirken i Hietzing begyndte at tiltrække pilgrimme, forsøgte sognet i Penzing at erobre de lukrative indtægter. Klostret Klosterneuburg holdt fast og bevarede sin ret til at forsørge præsterne i Hietzing. Da man i 1469 grundlagde stiftet i Wien blev der ikke ændret på dette, selvom biskoppen i Wien, i begyndelsen af det 16. århundrede, forsøgte at ekskludere borgerne i Hietzing, som ikke gik i kirke i Penzing. For at afværge Penzings trusler, opnåede klostret i Klosterneuburg i 1534, at Paven gav sin tilladelse til, at kirken i Hietzing blev en del af klostret. Men det standsede ikke stridighederne om Hietzing borgernes tilhørsforhold. Stridighederne fortsatte i mere end 200 år, det var først i forbindelse med kejser Joseph den Andens kirke- og klosterreformer i 1783, at stridighederne endeligt sluttede. I 1786 blev Hietzing og Schönbrunn Slot skilt fra sognet i Penzing og fik deres eget selvstændige sogn, som hørte under klostret i Klosterneuburg. Det nye Hietzing sogn bestod af landsbyen Hietzing med cirka 480 indbyggere, Schönbrunn Slot med cirka 285 beboere samt seks huse i Unter Sankt Veit med cirka 74 beboere.

I mellem 1414 og 1419 blev der opført et kapel i Hietzing, som gennem historien blev ødelagt flere gange. Første gang var i 1484, da ungarske tropper indtog området og i 1529 blev kapellet ødelagt da de tyrkiske tropper belejrede området under den første tyrkiske belejring. Kapellet blev nødtørftigt repareret i 1536, men forfaldt mere og mere, indtil det i 1580 var en ruin. Jakob Vivian renoverede kapellet fra 1587 til 1593, men i 1605 blev kapellet atter ødelagt af ungarske tropper. Man genopbyggede kapellet i 1607, men da tyrkerne belejrede området igen i 1683 blev kapellet igen ødelagt. I 1685 genopbyggede man kapellet endnu engang.

Hietzing blev et pilgrimssted efter historien om de fire unge mænd som blev reddet fra tyrkernes fangeskab under den anden tyrkiske belejring i 1683. Historien lyder således: Hietzing var blot en lille landsby, da tyrkerne besatte Wien og opland i 1683. Da tyrkerne rykkede nærmere landsbyen, valgte landbyboerne at tage kirkens værdifulde Mariastatue for at gemme den i trækronen på en stor eg og derefter gemte beboerne sig i den nærliggende Wienerwald. En dag skulle fire unge bønder have forladt deres skjulested i skoven for lige at se til det derhjemme, men de blev taget til fange af de tyrkiske soldater, der bandt dem til et træ. Det var nøjagtigt det træ, som Mariastatuen var skjult i. De fire unge mænd begyndte at bede, og efter lidt tid løsnede kæden og en stemme fra træet sagde: *Hiatz eng!*, som på tysk betyder *Hütet Euch!* eller på dansk: *Pas på, skynd jer væk!*. Som tak for at blive reddet, valgte de fire bønder, at landsbyen herefter skulle opkaldes efter det råd, som de havde fået, og med tiden er *Hiatz eng* blevet til *Hietzing*.

Allerede i 1690 var kapellet blevet udvidet til en kirke, og fra 1863 til 1865 blev kirken udvidet og ombygget efter arkitekt Carl Rösners tegninger. I 1865 fik kirken ligeledes seks facadeskulpturer af den hellige Christoph med Jesusbarnet, Leopold, Augustin, Agnes von Rom med flere, skulpturerne var skabt af Johann Meixner og Andreas Halbig. Kirken blev ødelagt under Anden Verdenskrig, og blev efter krigen renoveret. Kirkens orgel stammer fra 1903 og er bygget af orgelbygger Johann Marcell Kauffmann. Den 23. april 1708 blev den senere kejser Karl den Sjette gift med Elisabeth Christine von Braunschweig-Wolfenbüttel, dog uden, at Karl var tilstede. Karl den Sjette blev nemlig repræsenteret af sin bror Joseph den Første. Det var ikke den eneste gang der blev afholdt et bryllup i kirken, som var lidt ualmindeligt, for den 31. juli 1882 blev den østrigske kunstmaler Hans Makart gift med den tidligere primaballarina Bertha Linda, vel at bemærke klokken 6 om morgenen, således at offentligheden ikke kunne komme til globryllup.

PFARRKIRCHE SANKT HUBERTUS UND CHRISTOPHORUS
Granichstaedtengasse 73 • 1130 Wien

Sognekirken Sankt Hubertus und Christophorus am Lainzer Tiergarten er en romersk-katolsk kirke i 13. Bezirk, Hietzing. Efter Første Verdenskrig blev en del af Lainzer Tiergarten frigivet til bebyggelse. Herefter opstod der flere boligområder, som eksempelvis SAT-Siedlung, Friedensstadt (Fredensby), Polizeisiedlung (boligkvarteret for politiansatte), Zollwachesiedlung (boligkvarteret for ansatte ved toldvæsnet) samt Siedlung Heimscholle. Der kom et ønske om at opføre en kirke, men ønsket blev afslået af præst Anton Schrefel, da der allerede lå en nødkirke på den venstre side af Lainzerbach, som var en del af sogneområdet Lainz. Men de nye boligområder lå på højre side af Lainzerbach, som var en del af sognet i Mauer. Det førte til en del debatter og konflikter. Men til sidst blev konflikten løst og de nye boligområder kom til sognet i Lainz, og der blev opført en nødkirke, og den første gudstjeneste i kirken blev afholdt den 19. april 1931. I tårnet blev der hængt to klokker, som blev støbt af klokkestøberiet Pfundner i Favoriten. De to klokker var tiltænkt den kommende kirke, og viet til den hellige Hubertus og den hellige Christophorus. Der blev købt en grund i boligkvarteret Polizeisiedlung, hvor man skulle opføre den nye kirke. Kirken blev tegnet af arkitekterne Kurt Klaudy og Georg Lippert, som fik hjælp af arkitekt Anton Liebe, som stod for byggeledelsen. Kirken blev opført fra 1931 til 1935, og indviet den 15. november 1935. Store dele af kirken blev opført af frivillige.

PFARRKIRCHE SANKT LAURENZ AM SCHOTTENFELD
Zieglergasse 33 A • 1070 Wien

Schottenfelder Kirche, eller *Pfarrkirche Sankt Laurenz am Schottenfeld,* som den også kaldes, er en romersk-katolsk kirke i 7. Bezirk, Neubau. Kirken er beliggende på hjørnet af Zieglergasse og Westbahnstraße i bydelen Schottenfeld. Kirken er bygget i årene 1784-1787 efter byggemester Andreas Zachs tegninger. Kirken er viet til den hellige Laurentius, og har fra starten været en sognekirke i Schottenfeld. Kirkens loftsmalerier er malet i årene 1869-1871 af Leopold Schulz, Ignaz Schönbrunner og Anton Roux.

PIETÀ-KAPELLE OBERLAA
Oberlaaer Straße 8 • 1100 Wien

Pietà-Kapelle er et lille vejkapel, som står der, hvor Friedhofstraße udmunder i Oberlaaer Straße, ved nummer 8, i den østlige del af Oberlaa i 10. Bezirk, Favoriten. *Pietà er det italienske ord for barmhjertighed eller fromhed, og er et religiøst motiv med Jomfru Maria, som har den døde Jesus på skødet.* Man formoder, at det

oprindelige kapel blev opført i 1877, men i 1992 blev det ramt af en lastbil, men blev efterfølgende genopbygget, som det oprindelige kapel. Hvert år den 25. april afholdes Markusprocessionen i håb om en god vinhøst. Processionen går fra sognekirken i Oberlaa, via An der Kuhtrift, til Schmerber-Kreuz, til korset Roten Kreuz, videre til det lille Pietà-kapel, inden man går tilbage til sognekirken i Oberlaa.

REFORMIERTEN KIRCHE
Dorotheergasse 16 • 1010 Wien

Reformierten Kirche, eller den Reformerede Kirke, er en evangelisk bykirke. Kirken blev opført som bedehus for den reformerede kirkemenighed, som blev grundlagt i 1782. Indtil da havde der ligget et kloster her, men klostret blev revet ned for at give plads til kirken, som arkitekt Gottlieb Nigelli tegnede og opførte i 1783-1784. Kirken blev ombygget i 1887 af arkitekt Ignaz Sowinski. Over den gamle hovedindgang er der en mindetavle med en inskription på latin, der står: *Deo optimo maximo sanctissimo imperatore Iosepho II. Annuente amor fratrum faciendum curavit MDCCLXXXIIII.* På dansk betyder det noget i retning af: *Brødrenes kærlighed byggede med glædelig godkendelse fra kejser Joseph II dette hus til den bedste, største, helligste Gud. 1784.* Kirkerummet er uden malerier og kors, det forbyder det andet bud i den reformerede tradition. Derimod kan man finde bibelcitater, som familien Wittgenstein betalte for i 1889. Derudover finder man flere mindetavler i kirken, herunder mindetavler for medlemmer af menigheden, som blev dræbt under Første Verdenskrig samt de medlemmer, som blev dræbt i nazisternes KZ-lejre under Anden Verdenskrig. Kirkens oprindelige klokker blev afleveret i forbindelse med Første Verdenskrig, derfor stammer kirkens nuværende tre klokker fra 1979.

ROCHUSKIRCHE
Landstraßer Hauptstraße 54
1030 Wien

Pfarrkirche St. Rochus und Sebastian, eller bare Rochuskirche, er en romersk-katolsk kirke i 3. Bezirk, Landstraße, der er beliggende i nærheden af Rochusmarkt, som er et af Wiens faste fødevaremarkeder, som har åbent fra mandag til lørdag. Kirken er viet til den hellige Rochus og den hellige Sebastian. Den første kirke blev opført fra 1642, på et sted hvor der tidligere havde været et kapel, Rupertikapelle. Kirken blev opført som en klosterkirke for ordenen *der Unbeschuhten Augustiner-Eremiten*, men under den anden tyrkiske belejring, i 1683, blev kirken ødelagt og lagt i ruiner. I 1687 begyndte man opgørelsen af en ny kirke, som i 1783 blev ophøjet til sognekirke, da man samme år rev den tidligere sognekirke, Nikolaikirche, ned. Nikolaikirche lå der, hvor man i dag finder Rochusmarkt. Klostret tjente som lazaret for franske soldater i 1805, og i 1809 fungerede klostret som opholdssted for de østrigske soldater,

som var blevet fanget af de franske tropper. Klostret blev opløst i 1812, hvorefter munkene blev flyttet til andre Augustinerklostre. I kirkens to klokketårne hænger der i alt fem klokker, den ældste klokke er *Engelglocke, Engelklokken*, som stammer fra 1727, vejer 520 kg, og er støbt af Johann Baptist Divall i Wien. De øvrige fire klokker er alle fra 1955 og støbt hos klokkestøberiet Pfundner i Wien. Den største klokke er *Christkönigglocke*, som også hedder *Dankesglocke*, den vejer 2.150 kg. Den næststørste klokke er *Mariaglocke, Mariaklokken*, som også kaldes *Friedens und Stifterglocke*, vejer 1.100 kg. Den næstmindste klokke er *Rochusglocke* eller *Familienglocke, familieklokken*, som vejer 450 kg. Den mindste klokke er *Sebastianglocke*, eller *Toten und Heldenglocke*, som vejer 250 kg.

RUPRECHTSKIRCHE
Ruprechtsplatz 1 • 1010 Wien
www.ruprechtskirche.at

De ældste dele af Ruprechtskirche stammer tilbage til 800-tallet, hvilket gør kirken til den ældste kirke i Wien. Men ifølge historien kan man spore kirkens eksistens tilbage til år 740. Kirken er viet til den hellige Sankt Ruprecht, som er Salzburgs skytshelgen. Hvad har det med Wien at gøre? Jo, årsagen til, at kirken i Wien er viet til den hellige Ruprecht skyldes, at kirken tidligere har hørt ind under ærkebiskoppen af Salzburg, men Sankt Ruprecht var også skytshelgen for Wiens salthandlere.

67

Rochuskirche

Ikke langt fra kirken finder man da også Saltgasse samt anløbskajen ved Donaukanal, hvor Wiens salthandlere havde deres handelssteder. Sankt Ruprechtkirken er ikke så pompøs, som mange af Wiens andre kirker. Under et bombardement af Wien i 1944 blev rækken af bygninger ned mod Donaukanalen ødelagt og efterlod kirken alene. Efter krigen blev det besluttet, at man ikke skulle opføre nye bygninger rundt om Ruprechtskirche. Kirken kan kun opleves i forbindelse med koncerter og gudstjenester.

SALESIANERINERKIRCHE
Rennweg • 1030 Wien

På Rennweg finder man både kloster og kirke for Salesianerne, som er en nonneorden. Klostret blev stiftet af Wilhelmine Amalia, som var enke efter kejser Joseph den Første. Kej-

serinden boede selv her i sine sidste leveår, og skabte et uddannelsessted for unge piger fra det bedre borgerskab samt fra adelen. Grundstenen til klostret blev lagt den 13. maj 1717, i øvrigt på samme dag som den senere kejserinde Maria Theresia blev født. Præcis to år senere kunne man indvie klostret og den tilhørende kirke. Klosteranlægget har ikke ændret sig særlig meget siden det blev opført, der har kun været få ombygninger, den seneste ombygning var i 1806. Mine kilder oplyser ikke om renoveringer og fornyelser, men det har der med stor garanti været. Klosteranlægget blev tegnet af arkitekten Donato Felice d'Allio, og stod helt færdigbygget i 1728. I midten af det firkantede klosteranlæg finder man klosterkirken med dens kuppel, som man kan se milevidt. Kuplens loftsmalerier er udført af Giovanni Antonio Pellegri-

Ruprechtskirche

69

ni. Selve klosteranlægget består af otte gårdanlæg, i fløjen som kaldes for *Kaiserinentrakt, Kejserindefløjen,* havde kejserinde Wilhelmine Amalia sin lejlighed, hvor hun boede frem til sin død i 1742. Det er i Kejserindefløjen, at dele af Universitet for musik og scenekunst hører hjemme. Bag klostret finder man et stort grønt område, der strækker sig fra Universitets botaniske have til parken ved Schloß Belvedere.

SALVATORIANERKIRCHE ZU DEN HEILIGEN APOSTELN
Salvatorianerplatz 1 • 1100 Wien

Kirken Salvatorianerkirche zu den heiligen Aposteln er en romersk-katolsk sognekirke i sognet Christus am Wienerberg, som er beliggende i bydelen Inzersdorf-Stadt i 10. Bezirk, Favoriten. Salvatorianerordenen, der

Den hellige Sankt Ruprecht

allerede virkede i Favoriten i 1892, havde store planer om at få bygget en stor kirke i Laxenburger Straße. Første skridt blev at bygge et mindre kloster samt en nødkirke. Kirkens grundsten blev lagt i juli 1901 under overværelse af Wiens borgmester Karl Lueger. Men drømmen om at bygge den store kirke blev aldrig realiseret, i stedet valgte man at udbygge nødkirken med en teatersal og foreningshjem. Fra 1922 til 1931 var der endda i Apostelsaal en biograf med navnet Apostelsaalkino. Fra 1946 til 1965 var der igen en biograf i Apostelsalen, denne gang en offentlig tilgængelig biograf. I 1937 blev kirken ophøjet til sognekirke. Apostelsalen blev i 1988 ombygget til et moderne sognecenter.

SANKT ELISABETH KIRCHE
Sankt-Elisabeth-Platz 9 • 1040 Wien

Sankt Elisabeth Kirche, Wiedner Elisabethkirche eller Elisabethkirche, blev i 1868 viet til den hellige Elisabeth. Den fredede kirke er en romersk-katolsk sognekirke i 4. Bezirk, Wieden. Kirken er beliggende på St.-Elisabeth-Platz i hjertet af det kvarter, som kaldes for Karolinenviertel. I april 1857 blev der, i Kulturministeriet, besluttet, at der skulle opføres en ny kirke, som skulle finansieres med midler fra religionsfonden, ønsket om en kirke kom fra kejserinde Karolina Augusta. Arkitekt Hermann von Bergmann tegnede kirken, og i marts 1859 fremlagde han sine planer, og nærmest lovede, at kirken ville stå færdig i slutningen af 1862. Det kom ikke til at holde. Det var først i november 1866, på dagen før kejserinde Elisabeths, Sisi, navnedag den 18. november, at det var muligt at velsigne kirken, dette blev gjort af kardinal Joseph Othmar Rauscher, på trods af den sidste sten først blev lagt i oktober 1868. Derfor skete den egentlige indvielse af kirken skete først i oktober 1868. Med virkning fra 1. januar 2017 blev sognet St. Elisabeth, herunder også St. Elisabeth Kirche, lagt sammen med sognene St. Florian, St. Thekla og Wieden-Paulaner til en nyt samlet sogn med navnet *Pfarre zur Frohen Botschaft*. Kirkens første orgel blev opstillet i 1867, men blev erstattet af et nyt i 1902. Efter talrige reparationer var det i 1979 ikke længere muligt at spille på orglet. Kirkens tredje orgel blev bygget i 1985 af orgelbygger Gerhard Hradetzky.

SANKT HEMMA KIRCHE
Wattmanngasse 105-107 • 1130 Wien

Sognekirken Sankt Hemma er en romersk-katolsk kirke på hjørnet af Fasangartengasse og Wattmanngasse i 13. Bezirk Hietzing. Da kirken Invalidenhauskirche blev for lille, blev det i starten af 1960erne besluttet at opføre en ny kirke. Kirken, som fik navnet St. Hemma, blev tegnet af arkitekt Erwin Plevan og opført i 1964-1966. Kirke er viet til den hellige Hemma von Gurk, som er skytshelgen for den østrigske delstat Kärnten. Kirken blev indviet i slutningen af september 1966, og med virkning fra 1. januar 1967 blev

sognet flyttet fra Invalidenhauskirche til den nye kirke. Kirken kaldes på grund af sin teltagtige form også kaldt for *Zelt Gottes, Guds telt*.

SANKT JOSEFS KIRCHE
Josefsdorf 38 • 1190 Wien

Sankt Josefs Kirche var tidligere en klosterkirke for det forhenværende sogn Josefsdorf, og er viet til den hellige Josef. Den oprindelige kirke blev opført mellem 1629 og 1639, men blev ødelagt under den anden tyrkiske belejring i 1683. Marco d'Aviano skulle eftersigende den 12. september 1683, efter sejren over tyrkerne, have holdt sin berømte messe, der havde deltagelse af Polens konge, kong Jan Sobieski, samt hertug Karl von Lothringen. Den nye klosterkirke blev først opført og taget i brug i 1734, men i 1782 blev klostret opløst og solgt til Leopold von Kriegl, der blandt andet benyttede kirken som danselokale. I 1783 blev kirken givet tilbage til provsten på Klosterneuburg, og kirken blev atter benyttet til det formål den oprindeligt var bygget til. I 1809 blev kirken ødelagt af Napoleons tropper, hvorefter kirken næsten ikke blev benyttet og forfaldt derfor mere og mere. I 1906 blev kirken renoveret og benyttet som kirke. I kirken eksisterer der kort over slaget mod tyrkerne. På 300 års dagen for sejren over tyrkerne var Pave Johannes Paul den Anden på besøg i kirken. Desuden mindes man den polske konge, Jan Sobieski, med et mindekapel i kirken.

ST. SALVATORKIRCHE
Salvatorgasse 5 • 1010 Wien

St. Salvatorkirche, eller Salvatorkapelle, blev opført i begyndelsen det 14. århundrede af brødrene Otto den Anden og Haimo den Tredje fra familien Haimonen som huskapel i deres bypalæ. Men på grund af Ottos deltagelse i den anti-habsburgske sammensværgelse i 1308, blev palæ og kapel beslaglagt af Friedrich den Første i 1309, som gav det til byen Wien i 1316. Byen Wien begyndte at anvende palæet som rådhus fra cirka år 1333, og kapellet blev benyttet som rådhuskapel. Palæet fungerede som Wiens rådhus indtil 1883, hvor man tog det nye rådhus på Ringstraße i brug, hvorefter bygningen blev kaldt for Altes Rathaus, det gamle rådhus. Kapellet eller kirken blev i 1871 givet til den gammelkatolske kirke, Altkatolischen Kirche, som fungerer som biskopkirke for den gammelkatolske kirke i Østrig. Indgangen til kirken finder man i Salvatorgasse. Kirken er viet til Jesus Kristus, og kaldes også for *Salvator Mundi*, som er det latinske navn for *Healer, verdens frelser.* Kirkens orgel stammer fra 1750 og er formodentligt bygget af orgelbygger Gottfried Sonnholz, orglet blev gennemrenoveret i 1987 af Herbert Gollini, der samtidig førte orglet tilbage i original stand.

SANKT URSULA KIRCHE
Johannesgasse 8 • 1010 Wien

Sankt Ursula Kirche er en romersk-katolsk kirke i 1. Bezirk. I årene 1666-1745 blev der opført flere klosteranlæg under byggemester Anton Erhard Martinelli til ordenen Ursulinerne. Nonneordenen blev i 1660 inviteret til Wien af kejserinde Eleonore, hvor de straks efter ankomsten til byen åbnede en skole. Skolen lå her fra klostret stod færdigbygget til 1960, hvorefter skolen flyttede til bydelen Mauer i 23. Bezirk, Liesing, hvor der var blevet opført et nyt kloster til ordenen. Kirken blev opført i årene 1673-1675. Den italienske komponist Carlo Agostino Badia (1672-1738) arbejdede tæt sammen med klostret og komponerede flere værker her. På datoen 21. oktober 1694, som var en festdag for de hellige, havde Carlo Agostino Badias værk *Oratorio de Sant'Orsola* urpremiere på klostret. Værket forsvandt herefter ud i glemslen, men i oktober 2021 blev værket atter spillet på Kloster Mariastein. Dele af klostret blev ødelagt under Anden Verdenskrig, og i 1960 blev klostret solgt til byen Wien, som i årene 1963-1968 ombyggede klostret, så det kunne benyttes af Universitet for musik og scenekunst, *Universität für Musik und darstellende Kunst Wien.* Kirkens alter blev skabt i 1674 af Johann Spillenberger (1628-1679) og viser den hellige Ursulas død, men det alter man kan opleve i kirken kan være en kopi, som blev skabt af Johann Franz Greippel (1720-1798). Kirken fik i 1968 et nyt orgel, som blev bygget af orgelbyggerfirmaet Gregor Hradetzky, da kirken benyttes til koncerter samt til elever på

72

Instituttet for orgel, orgelforskning og kirkemusik, som hører under Universitetet for musik og scenekunst. Til gudstjenesterne i kirken medvirker instituttets kor. Der er endda indspillet musik i kirken på grund af den gode akustik i kirkerummet, da det østrigske medieselskab ORF har indrettet et studie her.

SCHOTTENKIRCHE
Freyung 6 A • 1010 Wien

Den oprindelige Schottenkirche blev revet ned og erstattet med den nuværende kirke tilbage i 1683 på grund af ødelæggelser efter flere jordskælv og ildebrande. Arkitekterne bag den nuværende kirke var italienerne Andrea Allio og Antonio Carlone, mens væg- og loftsmalerierne blev udført af Tobias Pock (1609-1683) samt af Joachim von Sandrart. Kirken fungerer også som klosterkirke for Schottenkloster, dette ses tydeligt, da munkenes korstole befinder sig i nærheden af altret, og det er herfra de dagligt deltager i de daglige messer. Den første messe foregår allerede klokken fem om morgenen. Altertavlen kaldes også for *Flugten fra Egypten*. Til dagligt er store dele af kirken spærret af for offentligheden.

SCHWARZSPANIERKIRCHE
Schwarzspanierstraße 13 • 1090 Wien

Den 15. november 1633 lagde kejser Ferdinand den Anden grundstenen til den tidligere klosterkirke der hørte til Benediktinerordenen von Montserrat, som også blev kaldt for *Schwarzspanier*, dansk: *sortspanierne*. Farven sort henleder ikke til deres hudfarve, men til farven på deres ordensdragt. Klosterkirken blev kaldt for *Schwarzspanierkirche* og lå på det område som blev kaldt for Glacis, der lå udenfor Wiens befæstede bymure. Klosterkirken stod færdigbygget i 1639, men under den anden tyrkiske belejring af Wien i 1683, blev kirken ødelagt. Kirkens grundstenen blev lagt den 15. november 1690, men ikke helt på samme sted som den første klosterkirke. Det var kejser Leopold den Første, der lagde grundstenen, mens indvielsen af kirken blev foretaget af ærkebiskop Sigismund Graf von Kollonitsch den 6. september 1739. Kirkens klokketårn stod færdigbygget i september 1749, men i september 1755 blev det ramt af et lynnedslag, som førte til, at tårnet efterfølgende måtte ri-

Schottenkirche

ves ned. Munkeordenen blev opløst i 1783, hvorefter kirken blev overgivet til militæret, som benyttede kirken til gudstjenester for soldaterne på den nærliggende Alser Kaserne. I 1787 blev kirken vanæret, og indtil 1861 blev kirken anvendt som militærets sengelager. Men allerede i 1780 blev kirkens loftsmalerier, som var malet af Antonio Pellegrini, overmalet, og kirkens inventar blev fordelt ud på øvrige kirker i Wien, og den oprindelige altertavle har været forsvundet siden 1933.

Schwarzspanierkirche blev, på kejserens opfordring, omdannet til en evangelisk Garnisonskirche i 1861 og fungerede som det indtil 1918. Mellem 1918 og 1930 var kirken lukket. Mellem 1930 og 1938 afholdte man ortodokse gudstjenester i kirken. Efter tyskernes indtagelse af Wien, i marts 1938, blev kirken anvendt som protestantisk kirke for den tyske værnemagt. I 1939 blev de overmalede loftsmalerier genopdaget under en restaurering af kirken, samtidig fik kirken en ny altertavle, som de lånte fra Stephansdom. Den 23. maj 1943 blev den restaurerede kirke overgivet til kirkelige handlinger, men i 1944 blev kirken hårdt ramt under et bombardement, og blev efterfølgende ikke blev genopført. Altertavlen overlevede, dog ikke uden skader, men efter en restaurering blev det bragt til Neulerchenfelder Pfarrkirche, og i 2019 vendte det retur til Stephansdom, hvor man i dag kan opleve det ved indgangen til Adlertor.

Den bombede kirke blev revet delvist ned i 1963-1964, kun hovedfacaden blev bibeholdt. Senere blev den integreret i opførelsen af et evangelisk studenterkollegie, som Friedrich Rollwagen og Peter Lehrecke tegnede. Kollegiet åbnede i oktober 1966 og blev senest i 2007 gennemrenoveret. Til højre for den tidligere kirke finder man en etageejendom, Schwarzspanierstraße 15, hvor Ludwig van Beethoven døde i 1827, samt hvor Otto Weininger døde i 1903.

SCHWEDISCHE KIRCHE
Gentzgasse 10 • 1180 Wien

I Wien finder man en svensk kirke, som siden 1986 har hørt til i den tidligere Barnabitenfreihof. Men historien med afholdelse af svenske gudstjenester i Wien kan spores længere tilbage i historien. For allerede i det 18. århundrede blev der afholdt gudstjenester på svensk for de svenske diplomater, det skete i den svenske ambassadørs bolig, hvor der var et kapel. I 1920 etablerede den svenske Israelmission sig i Wien, som hovedsageligt arbejdede med Wiens jødiske menighed, men de holdt også gudstjenester på svensk. Efter nazisternes annektering af Wien og Østrig i 1938 arbejdede missionen på at redde så mange jøder som muligt, mindst 3.000 jøder blev reddet med hjælp fra missionen i Seegasse.

Men Gestapo lukkede missionens lokaler i Seegasse i 1941. Efter kri-

74

gen vendte en af missionens medarbejdere, Anna-Lena Petersson, tilbage til Seegasse, hvor hun var med til at skabe forløberen til den svenske kirke, som vi dag kender til. Der blev arrangeret basarer, man mødtes for at fejre de svenske helligedage og højtider sammen, og med hjælp fra svenske præster i Schweiz og Tyskland, begyndte man i 1973 også at afholde gudstjenester. I 1982 blev der oprettet en stilling som præst ved den svenske kirke i Wien. Det første præstepar blev Harald og Gertie Kronvall. De hørte til i Seegasse, men flyttede til adressen i Gentzgasse i 1986. Kirken er stadig et samlingspunkt for svenskere og øvrige skandinavere, som bor i Wien, det kan eksempelvis være ansatte på ambassaden eller ansatte på et af byens FN-kontorer, eller noget helt tredje. Men østrigere eller andre med interesse i Sverige er også velkommen i kirken. Der afholdes gudstjeneste i kirken to gange om ugen, onsdag klokken 18.00 (aftensgudstjeneste), samt søndag klokken 11.00 (højmessen). Kirken ligger få minutter fra U-banestationen U6 Währinger Straße/Volksoper, eller man kan tage sporvognslinie 40 eller 41 fra Schottentor og stå af ved Kutschkergasse.

SERVITENKIRCHE
Servitengasse 9 • 1090 Wien

Servitenkirche eller Pfarrkirche Roßau betegnes for at være en af Wiens mest betydningsfulde forstadskirker fra den tidlige barok. Det var oprindelig en ordenskirke for munkeordenen Serviten, i dag er kirken en sognekirke i bydelen Roßau. Servitenkirche Mariä Verkündung, som kirkens fulde navn er, er en romersk-katolsk sognekirke, i 9. Bezirk, Alsergrund. Den 16. september 1638 modtog Servitenordenen i Firenze tilladelse fra kejser Ferdinand den Tredje til, at ordenen kunne grundlægges i Wien. Ordenen havde siden 1613 haft en menighed i Innsbruck, som var den første nord for Alperne. Kirken i Wien blev tegnet af Andrea Palladio og opført af Carlo Martino Carlone. Spadestikket blev taget den 11. november 1651, og i 1670 stod kirken færdigbygget, ja og dog alligevel ikke, for det tog så lige syv år mere at indrette kirken. Kirken blev viet til Mariä Verkündigung, Marias Bebudelse.

Kirkens smertealter, *Schmerzenaltar*, er skabt efter Antonio Beduzzis tegninger, på alteret finder man en Pietá fra 1470. *Pietá* betyder *barmhjertighed* på italiensk, og i religiøs sammenhæng betyder det også *fromhed*. En Pietá er også en kunstnerisk fremstilling af jomfru Maria med den døde Jesus på skødet. Smertealtret er også et gravkapel for fyrst Octavio Piccolomini, som var modstander af hertug og general Albrecht von Wallenstein under Trediveårskrigen (1618-1648), fyrst Octavio Piccolomini var desuden en af munkeordnens vigtigste bidragsydere. *Læs mere om Albrecht von Wallenstein og Octavio Piccolomini på side 76.* En anden af kirkens vigtige bidragsydere var baron Christoph Ignaz Abele, som var manden, der betalte for Liboriusaltret. Kirkens tagkonstruktion brændte i juni 1917. Branden fik kirkens hjørnetårn, med klokken *Totenglocke, dødsklokken,* til at styrte sammen. Skaderne løb op i 450.000 østrigske kroner (i 1917 var den østrigske valuta kroner), desværre udbetalte forsikringen blot 58.000 østrigske kroner. Kirkens orgel stammer fra 1981 og stammer fra orgelbygger Gerhard Hradetzky. På kirkens nordlige side finder man Peregrinikapellet, som blev opført i det 18. århundrede til ære for den hellige Peregrinus Laziosi.

SISI-KAPELLE AM HIMMEL
Himmelstraße 125 • 1190 Wien

I bydelen Sievering som er en del af 19. Bezirk Döbling, nærmere præcis på Pfaffenberg i 300 meters højde, finder man Sisi-Kapelle. Det lille kapel blev opført til minde om brylluppet mellem kejserinde Sisi og kejser Franz Joseph i 1854. Det var på initiativ fra Johann Carl Freiherr von Sothen, at arkitekt Johann Garben tegnede kapellet, som blev kaldt for Kapelle am Himmel. Efter færdiggørelsen af kapellet blev det viet til kejserparrets navnehelgener, nemlig den Hellige Elisabeth, den Hellige Franz von Assisi samt den Hellige Josef. Men faktisk er det ikke et kapel, men et gravkapel for Johann Carl Freiherr von Sothen og hans hustru Franziska.

Johann Carl Freiherr von Sothen og

Albrecht von Wallenstein
Albrecht von Wallenstein (1583-1636) var hertug af Friedland og Mecklenburg samt kejserlig general og feltmarskal under Trediveårskrigen (1618-1648). Under Trediveårskrigen var han leder af den deling soldater, der i 1627 og 1628 plyndrede Jylland. Albrecht von Wallenstein blev afskediget fra millitæret i 1634, efter han var blevet anklaget, måske dømt, for forræderi efter fredsforhandlingerne med svenskerne og sakserne. Kort efter sin afskedigelse fra militæret, blev han myrdet af en officer, som muligvis havde fået ordre til drabet fra kejseren.

Ottavio Piccolomini
Ottavio Piccolomini blev født i 1599 i Firenze, han var italiensk adelsmand og militærmand, med rang af general og feltmarskal, han døde i Wien i 1656.

fru Franziska var dog ikke et spor adelige, den adelige titel var en, som Herr Sothen havde købt sig til, til daglig var han bare indehaver af den lokale kiosk, hvor han solgte lodsedler der var udløbet. Herr Sothen blev skudt under en jagt i 1881, og tusindvis af wienere overværede hans bisættelse, for at være sikker på, at svindleren var død. Kapellet blev stærkt ødelagt under Anden Verdenskrig og stod i mange år hen i forfald. Med angst for vandalisme og hærværk fjernede man alterbilledet. I 1997 blev store dele af området Am Himmel solgt, og i 2002 blev kapellet købt af samme købere, der renoverede hele området. Ægteparret von Sothen er i dag begravet udenfor gravkapellet.

STEPHANSDOM
Stephansplatz • 1010 Wien
www.stephanskirche.at

Den middelalderlige kirke, Stephansdom, er beliggende i hjertet af Wien. Det er et af Wiens vartegn og Østrigs hovedkirke, den absolutte superstar blandt alle kirker i Wien. Kirkens profil er så kendt, at man kan købe den som en kageform. Südturm, sydtårnet, er Stephansdoms højeste tårn, 136,7 meter, det er desuden det fjerde højeste kirketårn i Europa, kun overgået af kirketårnene i Ulm, Straßburg samt Köln. I tiden med det Østrig-ungarske monarki måtte ingen andre kirketårne i monarkiet være højere end Stephans-

doms sydlige tårn. Det nordlige tårn, Nordturm, er dog lavere, nemlig blot 68,3 meter højt. Kirkerummet er op til 28 meter højt. Kirken var engang verdens højeste bygning.

Kirken er bygget af 20.000 m³ sandsten. Taget består af cirka 230.000 glaserede tagsten i forskellige farver, som er sat sammen i forskellige mønstre. Der ligger cirka 40.000 teglsten i reserve oppe under taget. Stephansdom kaldes af de lokale også for *Steffl*, som også er kælenavnet for det sydlige tårn, Südturm, som har en særstatus i Østrig og for mange wienere er det nationalt symbol for Wiens forhistorie samt symbolet på Wiens status som hovedstad. De ældste dele af domkirken kan spores tilbage til 1100-tallet, mere præcis omkring år 1147, og manden bag opførelsen af kirken var en biskop fra Passau. Midt i det 13.

Stephansdom med den kejserlige dobbelte ørn på taget

77

århundrede blev der opført en ny kirke på resterne af den tidligere romerske kirke. Rester heraf kan ses i den store port med Heidentürme, de hedenske tårne, samt i den nuværende kirkes vestlige facade. Mellem 1304 og 1340 blev kirkens langhus opført omkring det gotiske Albertinske kor. I 1359 gav Rudolf den Fjerde ordre til en omfattende ombygning af kirken. Det var i denne forbindelse, kirken fik sit farverige tag samt det sydlige tårn. Det nordlige tårn blev først opført senere.

Siden slutningen af 1500-tallet har kirkens ydre haft det udseende som domkirken har i dag. Domkirkens indre er, ligesom domkirkens ydre, blevet ændret flere gange gennem historien. Prædikestolen der stammer fra 1513 anses for at være en af de smukkeste fra den tid. Domkirkens helgenstatuer, tyende Madonna og figuren af Zahnwehherrgott er endnu ældre. Zahnwehherrgott er en slags åndelig medicinmand. Den grædende Madonna, Maria von Pötsch, som man finder til højre for indgangen, byder domkirkens besøgende velkommen. Statuen skulle eftersigende græde salte tårer, når der opstår en nødsituation eller der er trænge tider på vej. Stephansdoms tårne fungerede fra 1534 og i mange år frem, som vagtposter, da man herfra kunne holde øje med Wien. Vagten blev kaldt for *Der Türmer, tårnvagten*, som i tilfælde af brand skulle signalere via et *Sprachrohr*, som er et talerør eller megafon samt en rød fane om dagen og en rød lanterne om natten. Tårnvagten blev erstattet af en uddannet brandmand i 1866, og indtil 1955 var der en vagt i tårnet i Stephansdom.

I kirkens ydre facade vil man kunne opleve lysere sandsten, dette skyldes, at domkirken blev ramt af en brand i april 1945, en brand der lagde store dele af kirken i ruiner og aske. Mellem 1945 og 1952 gennemgik domkirken en omfattende renovering og genopbygning. Mange af kirkens vinduer er af nyere dato, på nær fire, som overlevede krigen og branden uden skader. De fire vinduer sidder i det midterste kor. En over 600 tons tung stålkonstruktion holder domkirkens tag, og domkirkens fastansatte team af håndværkere kæmper dagligt med at vedligeholde kirken og særligt de skader der opstår i sandstensfacaden, skader der stammer fra svovldioxid.

Domkirken har siden sin genindvielse efter Anden Verdenskrig haft en stor betydning for wienerne. Under domkirken finder man katakomberne, der fortæller en makaber historie om, hvordan livet var i middelalderen. Selve domkirken er gratis at besøge, men det koster lidt at få lov til at komme op i syd- og nordtårnet samt i katakomberne. Man kan kun opleve katakomberne i forbindelse med guidede rundvisninger. Men Stephansdom er netop et af de steder, som alle besøgende i Wien vil opleve, derfor er der altid mange mennesker, derfor er det svært at få lov til at opleve kirken i ro. Hvis man har behov for et par minutter for sig selv for at samle tankerne, tænde et lys eller bede en bøn, så er det ikke Stephansdom man skal opsøge.

INDGANGSPARTIET

Stephansdoms oprindelige tag brændte i 1945, men blev siden genskabt som det oprindelig så ud, nemlig med kejser Franz Josephs våbenskjold på den ene side samt Republikken Østrigs og Wiens byvåben på den anden side. Indgangsportalen, som er den ældste del af domkirken, er flankeret af de to tårne, der også kaldes for Heidentürme, de hedenske tårnene. Tårnene indeholder resterne af de romerske bygninger der tidligere lå her. Til venstre for indgangen finder man et indmuret to alenmål samt en rundkreds der er kradset ind i facaden. Disse to alenmål blev tidligere benyttet som Wiens officielle målestok, mens rundkredsen var det officielle brødmål. Så hvis en wiener følte sig snydt, kunne de gå hen til Stephansdom for at kontrollere målene på sine køb. Viste det sig, at køberen var blevet snydt, eksempelvis hos bageren... uha... så blev bageren straffet med en dukkert i Donau.

Det hemmelige tegn O5

O5

Ved hovedindgangen til kirken kan man se bogstavet *O* og tallet *5* ridset ind i murværket. Det var den østrigske modstandsbevægelses hemmelige tegn under Anden Verdenskrig. Under Anden Verdenskrig blev den østrigske befolkning tvunget til at tilslutte sig den ideologi som nazisterne fastlagde, men mange var enten passive eller aktive modstandere af regimet. Der var overvågning og sanktioneringer mod blot den mindste kritiske bemærkning, mange blev endda deporteret til KZ-lejre for deres kritiske bemærkninger. Hvis der var nogen der hørte en eller flere kritiske bemærkninger, og ikke anmeldte dem, kunne de risikere deres liv. Propaganda blev en del af østrigerne og wienernes hverdag, det samme gjorde angiveri og udpegning af personer som *folkefjender*.

Det socialdemokratiske parti og det kommunistiske parti blev forbudt allerede i 1934, men efter Anschluß, i marts 1938, blev dannet mindre grupper, som sjældent havde kontakt med hinanden for at forhindre og ikke mindst besværliggøre forfølgelser. Men i 1940-1941 begyndte man for alvor at mærke modstanden fra en række østrigere, blandt andet da jernbane- og industriarbejdere stod i spidsen for flere sabotageaktioner. Da Claus von Stauffenberg forsøgte at gennemføre et attentat på Hitler den 20. juli 1944, deltog der også østrigske officerer, heriblandt var Robert Bernardis fra Innsbruck,

Stephansdom

der den 8. august 1944 blev dømt til døden og henrettet for sin deltagelse i det mislykkede attentat, samt Carl Szokoll fra Wien, der dog ikke blev opdaget.

Senere blev der dannet lokale modstandsgrupper, såsom *Den Provisoriske Østrigske Nationalkomité*. Den mest kendte af modstandsgrupperne var den, som kaldte sig for *O5*, bogstavet O og 5-tallet som i alfabetet er bogstavet *e*. *OE* var forkortelsen for *Østrig*. Andre steder blev der skrevet *AEIOU*, som var forkortelsen af *Austria erit inorbe ultima*, dansk: *Østrig vil evigt bestå*, som var kejser Friedrich den Tredjes (1415-1493) valgsprog. Fritz Molden, som var journalist, og svigersøn til chefen for den amerikanske efterretningstjeneste, Allen W. Dulles, fungerede fra sit eksil i Schweiz, som gruppens kontaktperson til de allierede styrker. Den senere østrigske forbundspræsident Adolf Schärf (1957-1965) var også medlem af O5. Modstandsgruppen forsøgte via et samarbejde med flere af militærfolk, herunder major Carl Szokoll, at forhindre det sidste slag om Wien i krigens døende dage, det skete ved at kapitulere og dermed forhindre ødelæggelsen af Wien.

Modstandsgruppen fik endda kontakt med den sovjetiske hær, men de blev forrådt, og tre af Carl Szokolls militære medarbejdere blev anholdt og klynget op i lygtepæle i bydelen Floridsdorf. Der opstod partisangrupper, der stod bag overfald på SS-soldater og feltgendarmer, men de hjalp også udenlandske tvangsarbejdere til at flygte. Derudover var der private personer, der ikke var med i organisationer eller modstandsgrupper, der på egen hånd hjalp jøder og andre forfulgte befolkningsgrupper. Flere, blev efter krigen, herunder Gottfried von Einem, Ella Lingens og Hermann Langbein, æret ved det israelske mindemærke *Yad Vashem* for *retfærdighed blandt folket*, fordi de satte deres liv i fare for at redde jøderne. Omkring 2.700 modstandsfolk blev stillet for domstolene og dømt til døden, mens yderligere godt 10.000 modstandsfolk blev myrdet, mens de sad fængslet i Gestapos fængsler.

SÜDTURM

Südturm, sydtårnet, som også kaldes *Steffl*, stammer fra 1359. Tårnet består af flere etager og ender i et gitterværk af sandsten. Da Wien var belejret af tyrkerne, blev tårnet benyttet som vagttårn. Det kræver en god kondition at komme op og nyde udsigten fra tårnet, der er 136,7 meter højt, ikke nok med det, så skal man forcere de 343 trin først før man, måske, en anelse forpustet, kan nyde udsigten. Tallet 343 lyder meget tilfældigt, måske, men $(3+4)^3$ eller 7 x 7 x 7 (som er 343), er faktisk et Guds tal. Tallet 3 er symbolet for de tre vise mænd, tallet 4 er antallet af himmels retninger (nord, syd, øst, vest) og tallet 7 er symbolet på skabelsesdage. Indgangen til tårnets trappe, som er en smal vindeltrappe, kan man finde på kirkens bagside.

Det sydlige tårn blev genopbygget i midten af det 20. århundrede efter lynnedslag og jordskælv havde ødelagt tårnet. Man valgte at rive alt ned til 80 meters højde, hvorefter man genopbyggede det.

NORDTURM

Nordturm, nordtårnet, kaldes også for *Adlerturm*, *Ørnetårnet*, grundet den kejserlige dobbelte ørn som er at finde på taget. Det nordlige tårn blev tegnet af byggemester Hans Puchsbaum. Det var oprindeligt planlagt, at nordtårnet skulle være ligeså højt som sydtårnet, men af ukendte grunde skete det ikke, da byggeriet blev standset i 1523 før det var færdigt. Men ved ikke helt præcis, hvorfor man standsede byggeriet, men et sagn siger, at djævlen kan have haft en hånd med i spillet, men det vides ikke med sikkerhed.

Kirketårn - Stephansdom

Tårnet fik i stedet en spids, som kan minde om det tårn som danske Rosenborg har. Da der i 1945 udbrød brand i Stephansdom, brød branden ud i det nordlige tårn. Men det er faktisk nordtårnets klokke som er mest kendt, den hedder *Pummerin*.

KIRKEKLOKKERNE

Der er i alt 22 klokker i kirken, men det er kun de 17 der benyttes. Alle klokkerne har et navn, den mest kendte klokke er *Pummerin*, som hænger i Nordtårnet. Den mindste klokke er *Tarzisius Glocke*, som hænger i Sydtårnet, den er cirka 390 mm i diameter og vejer blot 44 kg. Udover de to nævnte klokker, der hedder *Glocke* på tysk, så er der *Speisglocke*, *Zügenglocke*, *Kleine Glocke*, *Stephans Glocke*, *Leopolds Glocke*, *Christophorus Glocke*, *Leonhards Glocke*, *Josefs Glocke*, *Petrus-Canisius-Glocke*, *Pius-X-Glocke*, *Allerheiligen Glocke*, *Clemens-Maria Hofbauer Glocke*, *Erzengel Michael Glocke*, *Uhrschälle*, *Primglöcklein*, *Feuerin*, *Kantnerin*, *Fehringerin*, *Bieringerin*, *Churpötsch*. Tidligere blev de forskellige klokker benyttet til markering af enten tidspunkter på dagen, i forbindelse med brand, dødsfald eller i forbindelse med festlige begivenheder.

BIERINGERIN

Klokken *Bieringerin* blev benyttet til at markere tidspunktet, når det var tid til at lukke byens værtshuse.

FEUERIN

Feuerin blev benyttet i tilfælde af brand.

82

ZÜGENGLOCKE

Zügenglocke blev benyttet når nogen lå for døden, og var tæt på at ånde ud.

KANTNERIN

Kantnerin blev benyttet til at kalde kirkens kantorer til gudstjeneste eller messe.

CHURPÖTSCH

Churpötsch blev i det 13. århundrede betalt af præsteforeningen i Stephansdom til minde om Máriapócs, eller Madonna von Pötsch fra Ungarn.

KLEINE GLOCKE

Kleine Glocke, eller *den lille klokke*, er den ældste klokke i Stephansdom. Klokken benyttes ikke længere. Den blev støbt af støbemester Konrad von München i 1280.

PUMMERIN

Pummerin, som hænger i Nordtårnet, er kirkens største klokke, den er cirka 3 meter i diameter og vejer 20.130 kg, altså lidt over 20 tons. Pummerin er den mest kendte klokke og den næststørste klokke i Europa. Pummerin kaldes også for Østrigs stemme. Klokken har fået sit navn på grund af dens dybe klang, samtidig er det også domkirkens mest kendte klokke. Dette skyldes, at når vi skyder nytåret ind nytårsaften, så er det Pummerin der forkynder det nye år, klokkeslagene transmitteres i østrigsk radio og TV, ligesom Rådhusklokkerne her i Danmark. Den dybe klang fra klokken betyder altid noget særligt, da den kun benyttes til at forkynde nytåret med samt i forbindelse med særlige lejligheder, blandt andet til at ære for de 155, der døde ved en kabelbane ulykke ved Kaprun i år 2000.

Den første Pummerin, som også kaldes for *Alte Pummerin*, blev bestilt af kejser Joseph den Første hos klokkestøber Johann Achamer i december 1710, som skulle fremstille en klokke af de kanoner, som tyrkerne havde efterladt efter den anden tyrkiske belejring i 1683. Kejser Joseph den Første nåede desværre ikke at se den færdige klokke, da han døde før klokkestøberen fik støbt klokken. Klokken blev støbt den 21. juli 1711, på den kejserindens navnedag. Johann Achamers værksted lå i Wendelstadt, som er den nuværende Burggasse 55 i Wien. I dag kan man finde et mindesmærke om støberiet på hjørnet af Burggasse og Stuckgasse, i 7. Bezirk, Neustadt. Den gamle Pummerin vejede 402 Zentner, hvilket svarer til 22.512 kg, heraf vejede klokkens åg 70 Zentner, hvilket svarer til 3.920 kg, og kneblen (som er den der slår lyden an i en klokke) vejede 7 Zentner og 75 Pfund, hvilket svarer til 812 kg. Klokken var 10 Schuh, eller 320 cm i diameter, og højden var 9 Schuh og 8,5 Zoll, hvilket svarer til 295 centimeter. Tykkelsen på slagringen var 8 Zoll, hvilket svarer til 21 centimeter. Indtil det 19. århundrede var klokkens officielle navn *Josephinische Glocke*, opkaldt efter kejser Joseph den Første. Det var befolkningen som kaldte klokken for Pummerin, på grund af den dybe klang. Den oprindelige Pummerin hang, indtil 1945, i kirkens sydlige tårn. Men i krigens sidste dage brød tårnet i brand og klokken faldt til jorden og gik i flere stykker, og Østrigs stemme forstummede. Efter krigens afslutning støbte man en ny klokke, hvor man benyttede dele fra den nu nedstyrtede klokke. Da den nye Pummerin blev transporteret fra støberiet i Linz, 200 km fra Wien, blev den tiljublet af publikum langs ruten. Den 26. april 1952 nåede den nye Pummerin hjem til Wien.

DOMBAUHÜTTE
www.dombauwien.at

Dombauhütte er beliggende bag Stephansdom, hvor et fast team af stenhuggere og andre håndværkere hører til. Det er netop dette team der konstant forsøger at vedligeholde

Stiftskirche

domkirken. I spidsen for teamet af håndværkere står en Dombaumeister, der holder styr på alt, hvad der skal repareres. Da man i middelalderen opførte domkirken havde domkirkens byggemester et ry for at være en af de bedste i Europa. Så at være Dombaumeister, dombyggemester, er et ærværdigt og gammel erhverv. Samtidig arbejder håndværkerteamet fra Stephansdom på at holde liv i de gamle håndværksteknikker, de er også medlemmer af en europæisk sammenslutning.

DOMMUSEUM
Stephansplatz 6 • 1010 Wien
www.dommuseum.at

Dommuseum er beliggende i et palæ, Domprovstens palæ, fra 1400-tallet, hvor Stephansdom også har sit skattekammer. Skattekammeret indeholder blandt andet et portræt fra 1300-tallet af Rudolf den Fjerde af Østrig. Det skulle eftersigende være det ældste portræt i Europa. Rudolf den Fjerde var manden, der grundlagde Wiens Universitet og senere ophøjede Wien til et bispedømme. Derfor er det også i denne bygning, hvor ærkebiskoppen bor. Ærkebiskoppen er den højeste katolske kirkeperson i Østrig.

STIFTSKIRCHE
Mariahilfer Straße 24 • 1070 Wien

Stiftskirche *Zum Heiligen Kreuz* er en del af Stiftskasernen og siden 1921 også Wiens romersk-katolske garnisonskirke. Kirken blev opført i 1739 efter, hvad man formoder, arkitekt Joseph Emanuel Fischer von Erlachs tegninger. Det nuværende kirketårn blev først opført i 1772. Kirken tjente mellem 1785 og 1799 som militærdepot, men blev fra 1799 atter anvendt som kirke. Når man kommer ind i kirken kan man opleve talrige mindetavler for faldne soldater, herunder de østrigske soldater der har mistet livet på missioner for FN. Dog kan man opleve, at flere navne er blevet fjernet, herunder navnet på generaloberst Alexander Löhr, der i 1930erne var chef for luftvåbnet, og efter annekteringen i 1938 blev han kommandør i Luftwaffe, og under Anden Verdenskrig var han en del af Luftwaffe, men senere kom det frem, at han var krigsforbryder. Det betød, at hans navn blev fjernet fra de mindetavler, der var sat op til ære for ham, hermed også den i Stiftskirche.

SÜHNEKIRCHE
Dr.-Josef-Resch-Platz 12 • 1170 Wien

Sühnekirche eller Herz-Jesu-Sühnekirche er en romersk-katolsk kirke i Dornbach som er en del af 17. Bezirk, Hernals. Kirken er viet til Jesu og Marias hellige hjerter. Kirken som er beliggende på det nordvestlige hjørne af Dr.-Josef-Resch-Platz i umiddelbar nærhed af kirkegården i Hernals. Kirken er faktisk opført på et område, som kaldes for Frauenfeld, hvor Slaget ved Kahlenberg blev kæmpet i 1683, hvor hjælpetropperne under ledelse af kong Jan den Tredje Sobieski kæmpede mod de tyrkiske tropper. Den polske kon-

ge havde en kopi af den Sorte Madonna fra Częstochowa på sig under slaget. Kirken er opført i 1931-1932 efter arkitekt Bruno Buchwieser Seniors planer. Det er en treskibet kirke med to kapeller, familiekapellet og krigerkapellet. Kirken blev i 1937 ophøjet til selvstændig sognekirke.

UNTER ST. VEITER KIRCHE
Sankt-Veit-Gasse 48 • 1130 Wien

Unter St. Veiter Filialkirche Verklärung Christi er en romersk-katolsk kirke i bydelen Unter-St.-Veit i 13. Bezirk, Hietzing. Landsbyen Unter-St.-Veit opstod i begyndelsen af det 19. århundrede, da lensherre Michael Schwinner, i 1803, opdelte sin grund i 100 mindre parceller for at tjene flere penge. Den nye landsby blev hurtigt kaldt for Unter-St.-Veit, og den nuværende landsby St. Veit blev til Ober-St.-Veit, hvor sognekirken også befandt sig. I 1843 købte menigheden i Unter-St.-Veit en grund for at opføre en kirke, og man opførte en trækirke med klokke. Klokken blev betalt af hattefabrikant Herr Jakob Flebus, som også boede i Unter-St.-Veit, klokken blev støbt hos den kongelige og kejserlige klokkestøber Barth. Kaffel fra Wien i 1843. Denne klokke er i dag en af i alt tre klokker. I 1860 blev Unter-St.-Veit ramt af en bybrand, hvor 13 huse blev flammernes bytte. Herefter blev det besluttet at opføre en kirke, der blev opført af byggemester Josef Kopf, og i august 1867 blev kirken indviet som en filialkirke under Ober-St.-Veiter Pfarrkirche. I 1870 blev de to landsbyer delt i to selvstændige kommuner, og i 1892 blev de to landsbyer indlemmet i Wien. I 1935 blev det foreslået at rive kirken ned og opføre en ny, men så kom Anden Verdenskrig og planerne blev sat i bero indtil 1965-1967, hvor man opførte en ny og væsentligt større kirke. Kirken blev tegnet af arkitekt Anton Steflicek, og i juli 1967 blev kirken indviet, med virkning fra 1. januar 1968 blev kirken ophøjet til selvstændig sognekirke. Kirkens orgel stammer fra 1969 og er bygget af orgelbyggervirksomheden Novak. Sognet Unter-St.-Veit blev opløst i januar 2020, og lagt sammen med sognet i Ober-St.-Veit i september 2022.

VEREINSSYNAGOGE MÜLLNERGASSE
Müllnergasse 21 • 1090 Wien

I 1888-1889 blev synagogen i Müllnergasse, i 9. Bezirk, opført efter tegninger af arkitekten Max Fleischer. Synagogen blev opført mellem to boligejendomme, selvom adressen sagde Müllnergasse, lå hovedindgangen i Grünentorgasse 13. Mens der var to sideindgange i Müllnergasse. Der var 322 pladser til mændene i midterskibet, mens kvinderne, skulle sidde adskilt fra deres mænd, i et sideskib, hvor der var plads til 248.

Under Novemberpogromen, også kaldet Krystalnatten, natten mellem den 9. og 10. november 1938, blev synagogen i Müllnergasse, som mange andre jødiske synagoger og virksomheder, sat i brand af en gruppe SS-soldater under ledelse af Otto Skorzeny. Synagogens tempeltjener Max Ullmann blev svært mishandlet under nazisternes hærgen i synagogen. Efter deres mishandling af Max Ullmann fortsatte Otto Skorzeny efter en liste fra Gestapo. Først seksten år senere kom en række nazister for retten i sagen om overfald på jøderne og ødelæggelse af synagogen. I retssagen stod vidner frem og beskyldte mænd og drenge uden uniformer udenfor distriktet, at de var ansvarlige for den nat i 1938. Synagogen eksisterer ikke længere, men på facaden i Müllnergasse 21, har man siden 1988 kunne se en mindetavle, som byen Wien satte op til minde om synagogen. Tavlens tekst er på både hebraisk og tysk.

VERSORGUNGSHEIMKIRCHE
Jagdschlossgasse 59 • 1130 Wien

Versorgungsheimkirche heilligen Karl Borromäus er en kirke ved det Geriatriske Center i Wienerwald, *Geriatriezentrums Am Wienerwald*, i bydelen Lainz, 13. Bezirk, Hietzing. Kirken er opført i 1902-1904 efter Johann Scheitingers tegninger. Kirken har to kirketårne, som er 54 meter høje, og i nicherne finder man skulpturerne af den hellige Elisabeth og den hellige Karl Borromäus, som er skabt af Hans Rathausky. Under Anden Verdenskrig fungerede forsorgshjemmet som lazaret, men stedet rummer også en mere grum historie, for nazisterne udpegede

346 plejehjemsbeboere til deres *Aktion T4* i Berlin. Men hvor mange der egentligt blev transporteret fra Wien til Berlin vides ikke, men formoder, at beboerne i stedet blev flyttet til anstalten Am Spiegelgrund, det som også kaldes for Baumgartner Höhe, og derfra videre til dødsanstalten Hartheim, hvor de blev myrdet. Det geriatriske center var indtil 1994 et forsorgshjem og plejehjem, men det lukkede i 2015. Fra oktober 2015 til marts 2019 fungerede stedet som asylcenter, og fra marts 2020 fungerede centret som isolationscenter til turister, der var smittet med Corona-CoVid19.

> **Aktion T4**
> *Aktion T4 var forkortelsen for Tiergarten Straße 4, som var en adresse i Berlin, hvor hovedkvarteret for den 'Almennyttige Fond for Institutionel Pleje' (Gemeinnützige Stiftung für Anstaltspflege) havde til huse, samme adresse som også husede Hitlers personlige sekretariat, Kanzlei des Führers der NSDAP (KdF). Dette skyldes, at man ikke ønskede at gøre institutionen synlig for offentligheden. Aktionen blev ledet af chefen for Kraft durch Freude, Philipp Bouhler og Hitlers personlige læge, Karl Brandt.*

VIRGILKAPELLE
U-Bahnstation Stephansplatz
1010 Wien

Virgilkapellet er et underjordisk gravkapel i nærheden af Stephansdom, cirka 12 meter under Stephansplatz. Gravkapellet er blot 6 x 10 meter stort med seks nicher. Man er ikke helt sikker på, hvor langt tilbage man kan datere gravkapellet, men måden det er bygget på, tyder på et sted i det tidligere 13. århundrede. Men man ved, at kapellet blev givet til den borgerlige familie Chrannest i 1307. I middelalderen var pladsen omkring Stephansdom indrettet som kirkegård, derfor er det sandsynligt, at gravkapellet var en del af den kirkegård, hvor der også lå et lille kapel, der var viet til den hellige Maria Magdalena, og gravkapellet, Virgilkapelle lå præcis under dette kapel. I 1732 stoppede man med at begrave folk på kirkegården ved Stephansdom, og i 1781 brændte Magdalena-kapellet ned og blev aldrig genopført, herefter forsvandt gravkapellet ud af folks hukommelse. I 1972, i forbindelse med anlæggelsen af U-Banen opdagede man det underjordiske kapel, og kapellet blev integreret i stationen Stephansplatz. På Stephansplatz er der lagt belægningssten i en anden farve for at markere omridset af Virgilkapellet og Magdalena-kapellet.

Markering af Virgilkapelle

VOTIVKIRCHE
Rooseveltplatz • 1090 Wien

Votivkirche er beliggende bag Universitetet. I februar 1853 stod den unge kejser Franz Joseph og betragtede sine tropper, da en mand pludselig trådte frem og stak kejseren i nakken med en kniv. Det var kun én hurtig indsats, der reddede kejserens liv. Kort efter overfaldet besluttede kejserens bror, ærkehertug Maximilian af Mexico, at der skulle opføres en kirke i taknemmelighed over at kejseren, hans bror, overlevede. Kirkens navn *Votivkirche* kommer fra ordet *Votiv*, som betyder *offergave* eller *takkegave*.

Opgaven med at tegne kirken blev givet til Heinrich von Ferstel. Kirkens grundsten blev lagt i 1856 på den tidligere paradeplads. Det tog 23 år at opføre kirken, som blev indviet på kejserparrets, kejser Franz Joseph og

kejserinde Sisi, sølvbryllupsdag den 24. april 1879. Kirken er i dag et af de bedste eksempler på historicistisk neogotik i hele verden. Inspirationen til kirken fik arkitekten fra de franske klassiske gotiske domkirker. Kirkens orgel består af over 3.700 piber, alteret er et såkaldt Antwerpener Altar, som stammer fra det 15. århundrede. I kirken finder man desuden grev Niklas Salms sarkofag. Grev Niklas Salm var kommandant for wienertropperne, der kæmpede mod tyrkerne under den første tyrkiske belejring. Det store alterlys, *Barbarakerze, Barbaralyset*, er 264 kg tungt og 4 meter højt, og består af 1.660 Fäden, tråde lys. Lysets brændetid er cirka 100 år.

WEINHAUSER PFARRKIRCHE ST. JOSEF
Gentsgasse 142 • 1180 Wien

Pfarrkirche Weinhaus, som er en

Votivkirche

Votivkirche - Alter

romersk-katolsk sognekirke i bydelen Weinhaus i 18. Bezirk, er viet til den hellige Josef. Kirken blev tegnet af Friedrich von Schmidt og opført under ledelse af byggemester Johann Schmalzhofer. Spadestikket til kirken blev taget den 16. september 1883, og i maj 1889 kunne ærkebiskoppen af Wien, Cölestin Josef Ganglbauer, velsigne kirken, selvom den først stod færdigbygget i 1893. Kirkens tårn er 65 meter højt. I kirken brænder den evige ild i den såkaldte *Ewig-Licht-Ampel*, som er en god efterligning af lanternen, som man kan opleve i Hagia Sophia i Istanbul. Lanternen er betalt af hertuginden af Orléans. Kirken har siden 1. januar 2022 været en del af sognet i Währing. I kirken finder man desuden organisationen Caritas, som deler fødevarer ud til folk, som lever under fattigdomsgrænsen, samt tilbyder gratis rådgivning.

WÄHRINGER PFARRKIRCHE
Währinger Straße 95 • 1180 Wien

Währinger Pfarrkirche, som også kaldes Sankt Gertrud, er en romersk-katolsk kirke i 18. Bezirk, Währing. Kirken er beliggende på Gertrudplatz ved Währinger Straße, og er viet til den hellige Gertrud von Nivelles (626-664). Den hellige Gertrud gik i kloster som 14 årig, i det kloster som hendes mor havde grundlagt. Gertrud blev senere abbedisse i klostret, studerede biblen og plejede de syge. Gertrud døde den 17. marts 664, samme dato, som i tiden før Kristi Fødsel var dedikeret til frugtbar-hedsgudinden Freja. Sankt Gertrud er siden hen blevet til skytshelgen for gartnere og forårets budbringer. Til skytshelgen er der desuden tilknyttet en række bonderegler, en af dem lyder således: *Den der ikke går i haven på Gertrudsdag, står foran tomme bede om sommeren.* Gertrudsdag er den 17. marts.

Kirkens historie kan spores tilbage til år 1213, da man indviede et kapel på stedet, som lå ved en gård, som var ejet af benediktinerklostret Michaelbeuern. Kapellet blev i 1226 ophøjet til et sogn, og kapellet blev viet til den hellige Sankt Gertrud i 1232. I løbet af det 14. århundrede blev kapellet udbygget til en sognekirke. Fra 1396 til 1934 havde kirken også en anden skytshelgen, nemlig den hellige Laurentius von Rom. I 1753 blev der opført en helt ny kirke, grundstenen blev lagt den 11. september 1753 af klædehandler Michael von Zollern, som i øvrigt har lagt navn til Zollergasse. I forbindelse med byggeriet af kirken, blev der også anlagt en kirkegård, hvor de døde fra Währing, Gersthof, Pötzleinsdorf og Weinhaus blev stedt til hvile. Men i 1780erne besluttede kejser Joseph den Anden, at der ikke længere måtte være kirkegårde på indersiden af bymuren på grund af smittefaren. Det førte til, at kirkegården blev nedlagt og flyttet ud af bynært område. Kirken blev renoveret i 1833. Det nordlige tårn, som blev opført i 1583, blev revet ned i 1853, og der blev opført et nyt. Kirken blev udvidet og ombygget i 1934 efter planer af arkitekt Karl Holey. Grundstenen til kirkens udvidelse blev lagt den 17. april 1934, kort efter februaroprøret. Man overvejede at navngive kirken *Gedächtniskirche des befreiten Wiens*, hvilket betyder noget i retning af *mindekirke for det befriede Wien*. Samtidig skulle skytshelgene Gertrud og Laurentius have følgeskab af den hellige Engelbert. Efter mordet på Engelbert Dollfuß blev Sankt Engelberts relikvier overført fra Köln til kirken her i Wien.

ZWINGLIKIRCHE
Schweglerstraße 39 • 1150 Wien

Zwinglikirche er en evangelisk reformeret kirke i 15. Bezirk, Rudolfsheim-Fünfhaus. Kirken blev opført i årene 1936-1937 efter arkitekterne Siegfried Theiss og Hans Jaksch' tegninger. Kirken er viet til reformator Ulrich Zwingli (1484-1531), som var teolog og anses i dag for at være grundlæggeren af den reformerede kirke. Ulrich Zwingli havde studeret i Wien og Basel, og tjente som præst i Zürich fra 1519. Han var fra starten tilhænger af Erasmus af Rotterdam, men udviklede sin egen reformatoriske opfattelse efter at have studeret Paulus og Augustin. Han forsøgte at nå et fælles standpunkt med Martin Luther, men det mislykkedes på grund af en uenighed omkring nadveren, som Ulrich Zwingli så som en symbolsk handling, mens Martin Luther anså, at Jesu Kristis kød og blod reelt er til stede i brødet og i vinen under nadveren. Ulrich Zwingli døde under Slaget ved Kappeln i oktober 1531, mens han var udsendt som feltpræst. Zwinglikirche er en af ni evangeliske menigheder under den evangeliske kirke i Østrig. Kirkens historie kan spores tilbage til 1901, da der blev oprettet et andagt-

Breitenfelder Kirche

91

sted i Volkscafé i Thaliastraße 41 i 16. Bezirk, Ottakring. Dette kunne lade sig gøre efter iværksætteren Philipp Wilhelm von Schoeller donerede 100.000 østrigske kroner til formålet. Det førte til grundlæggelsen af et selvstændigt sogn i 1924. Som årene gik kom der flere og flere medlemmer af menigheden og behovet for en rigtig kirke opstod, og man gik i gang med at lede efter et sted, man kunne bygge en kirke. Man fandt en grund, hvor der tidligere havde været en legeplads, men grunden var ejet af bystyret i Wien. I september 1936 blev grundstenen til kirken lagt og godt ni måneder senere, i juni 1937, kunne man indvie kirken. I slutningen af Anden Verdenskrig, mere præcis den 12. april 1945, blev kirken ramt en bombe under et luftangreb, hvor kirkens tag og præstebolig blev ødelagt. Efter krigens afslutning blev kirken genopbygget og var klar til at afholde gudstjenester i marts 1946.

ÄGIDIUSKIRCHE
Pötzleinsdorfer Straße 108
1180 Wien

Historien om Pötzleinsdorfer Kirche kan spores tilbage til omkring 1529, da der lå et kapel, som var viet til den hellige Wilhelm og den hellige Maria. Efter kapellet var brændt ned i 1683, under den anden tyrkiske belejring, besluttede Himmelpfortklostrets rektor Innozenzia Gräfin Negrelly, at der skulle opføres en ny kirke, det skete i 1746. Men efter landbyen blev ramt af en stor-

brand i 1750, som lagde kirken og store dele af landsbyen i ruiner, blev der opført en ny kirke på en grund, som var blevet givet til abbedissen på Himmelpfortklostret. Grunden lå et andet sted end der, hvor den oprindelige kirke havde været. I 1783 blev kirken ophøjet til et selvstændigt sogn. Hvert år den 1. september, på Ägidiusdag, afholdes der fest i kirken, som tidligere var en fest for vinplukkerne. Den nuværende kirke er dog noget yngre, den er opført i begyndelsen af 1960erne, da Ägidiuskirche blev for lille. Den nye kirke blev tegnet af arkitekt Karl Schwanzer. Grundstenen blev lagt i juni 1961 og i december 1963 kunne man indvie kirken. Kirkens orgel er bygget af orgelbygger Arnulf Klebel fra Wien i 1973.

Brigittakirtag

Der har tidligere været et utal af klostre i Wien, det er lidt svært at finde et præcist tal på, hvor mange der har været og hvor mange der stadig fungerer som klostre i dag. Mange af de tidligere klosteranlæg eksisterer stadig, men anvendes til andre formål. I dette kapitel kommer der historier om de klostre, som det har været muligt at finde frem til, en god blanding af tidligere og nuværende.

skolens lokaler. Skolen brændte i 1705, og i stedet blev der opført en hestestald og Michaelerhaus, som også rummede en klosterkælder, St. Michaels Klosterkælder, som tiltrak et godt stampublikum. Klostret tilhører i dag Salvatorianerne. Den tidligere klosterkælder fungerer i dag som museum, der er drevet af Time Travel Vienna, hvor man virtuelt kan rejse gennem Wiens historie, som strækker sig over de sidste 2.000 år

Barnabitenkloster
Habsburgergasse 12 • 1010 Wien

Barnabitenkloster var indtil 1620 en præsteskole, men blev opløst da skolerektoren valgte at skifte til den lutheranske tro. Herefter blev den tidligere præsteskole benyttet af blandt andre kirkemusikere og drengekoret Wiener Sängerknaben. I 1626 overtog Barnabiterordenen opsynet med Michaelerkirche, som gjorde krav på

Dominikanerkloster
Postgasse 4 • 1010 Wien

Syd for Dominikanerkirche finder man dele af Dominikanerklostret, som blev grundlagt omkring 1225-1226, blot ti år efter grundlæggelsen af Dominikanerordenen, som er opkaldt efter den hellige Dominikus. Det var hertug Leopold den Sjette von Babenberg, der stillede en byggegrund til rådighed for ordenen.

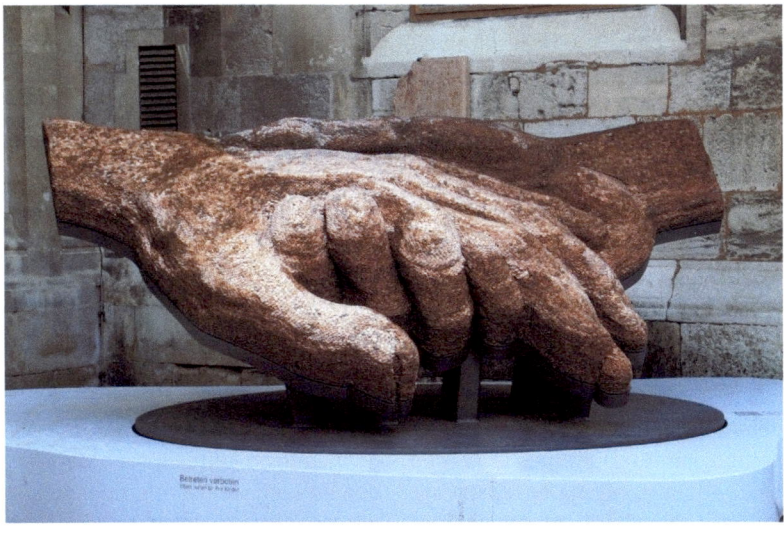

Kunstværket Raising Hands

93

Klostret stod færdigbygget omkring 1237, og senere i samme århundrede blev der opført en klosterkirke. Under den første tyrkiske belejring, i 1529, blev store dele af kirken pillet ned for at benytte stenene til forstærkelse af de nærliggende befæstningsmure. I 1631 begyndte man at opføre en ny klosterkirke. I det 17. århundrede fik klostret sin nuværende form. I 1937 blev fløjen ud mod Wollzeile revet ned for at give plads til opførelsen af Dominikanerhof, som er beliggende ud mod Dr.-Karl-Lueger-Platz. I årene 1996-1998 blev store dele af klostret renoveret, og i den forbindelse opdagede man en korsgang. Klostret er i dag beboet af Dominikanere fra de sydtysk-østrigske samt nordtyske dominikanske provinser, som er under uddannelse på universitet i Wien. Dominikanerne deltager i gudstjenester, foretager sjælesorg, men afholder også foredrag, kurser om tro samt koncerter. I begyndelsen af oktober 1986 blev der udgivet en frimærkeserie af det østrigske postvæsen, frimærkesamlingen var med stifte og klostre i Østrig, og på frimærket til 7,5 Schilling var Dominikanerklostret i Wien afbilledet.

DOROTHEERKLOSTER
Dorotheergasse 17 • 1010 Wien

Allerede i 1353 blev der opført et kapel, som var grundlagt af Albrecht den Anden. Kapellet blev viet til den hellige jomfru Dorothea samt den hellige jomfru og martyr Katharina. Albrecht den Fjerde fik ideen til at oprette et kloster med tilhørende kirke, Sankt Dorothea, i Wien. Han valgte Andreas Plank til at forvandle kapellet til kloster og tilhørende kirke. For at få plads til udvidelsen af kapellet, blev der opkøbt flere grunde, herunder også en lang række vinmarker. Man aftalte med Wiens borgmester, Hans Heml, hvor meget vin de måtte servere, og hvor meget de skulle betale i skat. Matthias Corvinus bekræftede de friheder og privilegier, som klostret fik i 1443. Sammen med Schottenstift var Sankt Dorothea blandt de rigeste klostre i Wien.

Under den første tyrkiske belejring, i 1529, blev store dele af klostrets ejendomme, hovedsageligt de der lå udenfor bymuren, ødelagt. I september 1535 overtog Dorotheaklostret de besiddelser der indtil da havde været ejet af Nikolaiklostret, som var brændt ned under den første tyrkiske belejring, men Ferdinand den Første stillede dog en betingelse, og det var, at en del af de indtægter som Dorotheaklostret tjente på Nikolaiklostrets ejendomme, skulle gives til universitetet i Wien. I det 17. århundrede blev klosterkirken det sidste hvilested for mange adelige, herunder Niklas von Salms gravmæle, som blev skabt af billedhugger Loy Hering. I 1705 gennemførte man en større ombygning af kirken og St. Dorothea blev en af Wiens smukkeste kirker. I 1780erne gennemførte kejser Joseph den Anden en lang række reformer, herunder en kloster- og kirkereform. Det førte til, at mange klostre, herunder også Dorotheakloster blev opløst, og i 1787 blev kirken ligeledes opløst og kirketårnene blev revet ned. De mange grave i kirken blev gravet op og flyttet til, blandt andre, Votivkirche. Det tidligere kloster blev revet ned i 1898, og i stedet blev Palais Dorotheum opført, som i dag huser auktionshuset Dorotheum.

FANITEUM
Hanschweg 1 • 1130 Wien

Faniteum er en bygning i 13. Bezirk, Hietzing, som i slutningen af det 19. århundrede blev opført som rekreationshjem med tilhørende mausoleum. Bygningen har siden 1974 tilhørt Kloster St. Josef. Det var grev Karl Lanckoroński, der grundlagde *Faniteum* til minde om sin afdøde hustru, Franziska Xaveria von Attems-Heiligenkreuz (1861-1893), som også blev kaldt for *Fani*. Det var et rekreationshjem for piger og kvinder, mens mausoleet var et kapel for hans hustru. Det var den schweiziske arkitekt Emanuel La Roche, der i 1894-1896 opførte bygningen. Grev Karl Lanckoroński ville oprindeligt opføre et sommerhus her, men planerne blev ændret, da hustruen døde ved fødslen af sønnen Anton. Bygningen blev ombygget i 1899 og udvidet under ledelse af Amand Louis Bauqué og Albert Emilio Pio. Bygningen blev beslaglagt af det tyske Luftwaffe i 1938. Efter Anden Verdenskrig benyttede de britiske besættelsestropper bygningen indtil 1948. I 1974 overtog Karmeli-terordenen *Faniteum*, og indrettede bygningen til et kloster. Bygningen var oprindeligt blot to-fløjet, men i 1976-1977 blev bygningen udvidet med yderligere to fløje, som blev tegnet af arkitekt Walter Hildebrand.

FRANZISKANERKLOSTER
Franziskanerplatz 4 • 1010 Wien

Franciskanerklostret i 1. Bezirk kaldes også for *Kloster des Ordens der Minderen Brüder*, eller *Ordo Frantum Minorum* på latin. Klostret blev grundlagt omkring 1224 på et initiativ af Leopold den Sjette, formodentligt mens den hellige Franziskus (1181/1182-1226) stadig levede. Klostret lå i nærheden af den nuværende Minoritetenkirche. Omkring år 1209 kunne Pave Innocentius den Tredje bekræfte den hellige Frans' (Franziskus) levevis, og i 1223 blev de endelige regler for ordenen godkendt af Pave Honorius den Tredje. Herefter bredte munkeordenen sig, og i 1221 begyndte de at missionere i de tysktalende lande, og omkring 1224 kom de til Wien. Omkring år 1235 opnåede klostrene i det nuværende Østrig deres egen forvaltning. Allerede fra begyndelsen kæmpede munkene for at fortolke reglerne i deres levevis, men der opstod hurtigt en reformbevægelse. I begyndelsen af det 15. århundrede fremmede Bernhard von Siena de strenge fortolkninger af munkenes leveregler til at en slags strengere observans. I 1500-tallet fik observanderne deres egen administration, som blev adskilt fra de, der levede efter de oprindelige strenge leveregler. Der opstod flere grene, herunder den reformerede gren *Ordo Fratrum Minorum* samt den ikke-reformerede gren, *Minoriterne Ordo Fratrum Minorum Convenutalium*. I 1528 opstod der en ny gren, Kapucinerne, *Ordo Fratum Minorum Capuccinorum*.

De første franciskanermunke blev sendt over Alperne til det nuværende Østrig og videre mod Tyskland omkring år 1219. Men den rejse var uden succes, muligvis på grund af manglende sprogfærdigheder. Minderbrødrene kom til Wien omkring 1224, muligvis allerede i 1221, hvor nogle rejste til de tysktalende lande. Mere præcis rejste de fra Bozen, i Norditalien, i retning mod Bayern, og har med stor sandsynlighed krydset gennem det vi i dag kender som Østrig. En ting man ved med sikkerhed er, at franciskanermunkene fik deres første lille kloster ved bymuren i 1234, og i 1251 blev der indviet et kapel af biskop Berthold af Passau. Kapel og kloster lå i nærheden af den nuværende Minoritenkirche, hvor de første munke tog sig af sjælesorg og pleje af de fattige.

I juni 1451 kom Johannes von Capestrano til Wien, og med ham begyndte en ny æra for Minderbrødrene, da han medbragte ordenens reformbevægelse til Wien. Han var invitereret til Wien af en række diplomater, og med en fuldmagt fra Pave Nikolaus den Femte grundlagde han et kloster for den reformerede gren af Franciskanerordenen. Når Johannes von Capestrano prædikede tiltrak det tusindvis af mennesker. I juli 1451 fik Johannes von Capestrano lov af Friedrich den Fjerde til at grundlægge et nyt kloster, og valget faldt på Kloster St. Theobald i Laimgrube, som allerede var blevet bygget i 1349 af Albrecht den Anden. Men klostret var allerede beboet af nonner fra den Tredje Orden under den hellige Franziskus, men de valgte at flytte til et hus i nærheden af Minoritenkirche. Johannes von Capestrano udvidede klostret, således at der var plads til 200 munke, der alle tjente de fattige. To af munkene, Timotheus og Angelus, tog sig af de pestramte under pestepidemien i 1453. Klostret blev lagt i ruiner under den første tyrkiske belejring i 1529, hvor cirka 100 munke blev dræbt, mens cirka 20 munke nåede at flygte ind til Wien før tyrkerne ankom. Inde i Wien blev de indkvarteret i private boliger, indtil kong Ferdinand den Første, i 1533, gav dem Ruprechtskirche og den nærliggende, faldefærdige, præstebolig. I 1545 flyttede munkene til Singerstraße og Nikolaikloster. Men da Nikolaikloster blev for lille, blev Franciskanermunkene, i 1589, tildelt klostret *Büßerinnenkloster zu St. Hieronymus* og den nærliggende kirke *Zum heiligen Hieronymus*, også kaldet *Franziskanerkirche*.

Da ordenen flyttede var der tilknyttet 15 præster og fem såkaldte lægbrødre. Men det nye kloster og kirke var i dårlig stand, derfor ønskede de at opføre en ny kirke og kloster.

Grundstenen til den nye kirke blev lagt i 1603. Munkeordenen ejede en stor sum penge til opførelsen af den nye kirke, men fik alligevel lov til at samle penge ind til byggeriet. Indsamlingen gav 50.000 Gylden fra adelen, og 1.200 Gylden kom fra de osmannske diplomater. I starten af december 1607, til Mariä Empfängnis, *(læs eventuelt om Mariä Empfängnis på side 43 i denne bog)*, kunne man afholde den første messe i kirken, selvom den endnu ikke var bygget færdig. Kirken stod færdigbygget i 1611, og i december samme år kunne kardinal Franz Fürst von Dietrichstein, ærkebiskop af Olmütz, indvie kirken. Kirketårnet på 198 fod (62,17 meter) blev afsluttet i 1614, og i september 1651 kunne biskop Philipp Graf Breuner indvie kirkens fire store klokker. De fire klokker blev viet til den hellige Hieronymus, den hellige jomfru Anna, den hellige Antonius von Padua samt den hellige Michael. De fire klokker vejede 1.375 pund, 969 pund, 634 pund samt 392 pund. *Omkring 1651 var 1 østrigsk pund omkring 560,012 gram.* Klostret blev opført et sted mellem 1616 og 1630. Under den anden tyrkiske belejring i 1683 blev klostret benyttet som lazaret for sårede soldater, men der blev også indrettet et krudtkammer.

KATOLSKE KLOSTRE I MARGARETEN

I Margareten er der ikke blot et kloster, men to, nemlig *Franzikanerinnen von der christlichen Liebe*, som også kaldes for *Hartmannssøstrene*, som siden 1865 har hørt til i Hartmanngasse. Søstrene, nonnerne, driver ikke blot klostret, de driver også hospitalet, Hartmannspital. I 1898 fik Franciskanernonnerne selskab af søstrene fra Classierordenen, som også hører under den franciskanske ordenfamilie.

CLARISSERORDEN
Gartengasse 4 • 1050 Wien

Det ene kloster i Margareten er Clarisserordenen, en nonneorden der ligesom Hartmannsøstrene også hører under Franciskanerordenen. Classierordenen opførte deres kirke og tilhørende kloster i Gartengasse mellem år 1909 og 1911.

FRANZISKANERINNEN VON DER CHRISTLICHEN LIEBE
Hartmanngasse 7-11 • 1050 Wien

Franzikanerinnen von der christlichen Liebe, som også kaldes for *Hartmannssøstrene*, blev grundlagt i maj 1857 af ærkebiskoppen i Wien, Kardinal Joseph Othmar von Rauscher. Da ordenen blev grundlagt var der 95 nonner, som steg til 120 blot få år senere. Men de manglede et sted at bo, derfor blev der fundet to mindre huse i Hartmanngasse, som i 1888 blev erstattet af et nybygget hus med tilhørende hospital, Spital. Årsagen til grundlæggelsen af nonneordenen skyldtes, at der manglede sygeplejersker med et kristent livssyn. Søstrene levede efter klostrets regler og viede deres liv til at pleje syge medborgere. En af disse søstre var Maria Restituta, som trådte ind i klosterlivet som 19 årig, og opnåede at blive operationssygeplejerske.

RESTITUTA-DOKUMENTATION

Nikolsdorfer Gasse 26-36 • 1050 Wien
www.restituta.at

I Nikolsdorfer Gasse, nærmere præcis på Hartmannspital, kan man opleve en udstilling om østrigsk kirkehistorie, noget helt særligt er fortællingen om nonnen Maria Restituta, en sygeplejeske på Hartmannspital, der blev tilbageholdt af nazisterne i 1942 og henrettet beskyldninger for at favorisere fjenden og forberedelser på højforræderi. Hun blev i juni 1998 saliggjort af Pave Johannes Paul den Anden. Udstillingen hedder *Glaube gegen NS-Gewalt*, dansk: *Tro mod nazistisk vold.*

MARIA RESTITUTA

Maria Resituta eller søster/nonne Maria Restituta Kafka, blev født den 1. maj 1894 i Hussowitz, som lå i det daværende Østrig-ungarske rige, med det borgerlige navn Helene Kafka. Hun blev født som barn nummer fire, ud af syv, og opvokset i et skomagerhjem. Da hun blot var to år gammel, flyttede familien til Wien, Brigittenau. Her kom den lille Helene i skole og senere på husholdningsskole. I 1914 hjalp hun til i sygeplejen på sygehuset Lainz, som 19 årig trådte hun ind i nonneordenen *Franziskanerinnen von der christlichen Liebe*, som også kendes som *Hartmannsøstrene*, her fik hun navnet Maria Restituta. I 1919 blev

hun operationssygeplejerske på sygehuset Mödling og opnåede at blive afdelingssygeplejerske på den kirurgiske afdeling.

I marts 1938 skete der store ændringer i Østrig og Wien, da Tyskland annekterede Østrig, og sygehusene blev pålagt at fjerne alle kristne symboler, herunder kors og krucifikser på sygestuerne. Desuden skulle hun og andre ansatte på hospitalet prioritere *ariske* patienter frem for andre, som havde jødisk afstamning eller var udlændinge. Det havde Maria Restituta det rigtigt svært ved, det fik hende til at skrive regimekritiske tekster, hvor hun var så modig at kalde Hitler for en galning og sagde om sig selv, *at en wiener kan ikke holde sin mund.* Modstanden mod at fjerne kors og krucifikser, som hun i øvrigt selv havde hængt op, forskelsbehandlingen af patienter samt hendes regimekritiske artikler førte til, at hun i februar 1942 blev anholdt, da en af hospitalets læger, kirurg Lambert Sturmfohl, der var nazist og medlem af SS, angav hende til Gestapo. De mødte frem på operationsstuen den 18. februar 1942, hvor de anholdte Maria Restituta. Hun blev fængslet og den 29. oktober 1942 blev hun dømt til døden i guillotinen for at favorisere fjenden, for sammensværgelse og for højforræderi.

Myndighederne tilbød dog at løslade hende, på en enkelt betingelse, hun skulle forlade klostret, men hun nægtede. Den sidste tid benyttede

Maria Restituta med at pleje andre fanger, men også på at skrive et brev, hvor dette citat stammer fra: *Det er lige meget, hvor langt vi er adskilt fra alting, uanset hvad der tages fra os: Den tro, vi bærer i vores hjerter, er noget, ingen kan tage fra os. På denne måde bygger vi et alter i vores hjerter.* Hun blev henrettet ved halshugning den 30. marts 1943. Som andre ofre for nationalsocialismen, om det var grundet deres etniske tilhørsforhold, deres tro, grundet politiske årsager eller noget helt fjerde, betegnes drabene på dem i dag som mord. Kirken ønskede at få Maria Restitutas lig udleveret efter henrettelsen for at begrave hende i den kristne tro, men det skete ikke. I stedet blev Søster Maria Restituta begravet anonymt i en massegrav sammen med 2.700 andre på Wiener Zentralfriedhof i den såkaldte *40er Gruppe*, som er at finde i række 30, gravnummer 158, hvis man kommer forbi kirkegården.

I juni 1998 var Pave Johannes Paul den Anden på besøg i Wien, hvor han blandt andet hædrede Søster Maria Restituta som martyr og saligkårede hende, hendes mindedag er den 29. oktober, dagen hvor hun blev dømt til døden. Der er flere gader og pladser i Wien og i Mödling, som er opkaldt efter Maria Restituta Kafka, og hun har endda fået sin egen Stolperstein, snublesten, i Sr.-Maria-Restituta-Gasse 12 i Mödling, som er en by cirka 14 km syd for Wien. Desuden er der flere bygninger i Wien der er opkaldt efter hende, og i Bar-barakapellet i Stephansdom er der en buste af hende, som er skabt af Alfred Hrdlicka.

KARMELITERKLOSTER
Silbergasse 35 • 1190 Wien

Karmeliterklostret Döbling, mere præcis *Kloster der Unbeschuhten Karmeliten*, som hører sammen med den romersk-katolske kirke i Unterdöbling, er beliggende i 19. Bezirk, Döbling. Både kloster og kirke er fredet under den østrigske Denkmalschutz. Klostret blev oprindeligt grundlagt i februar 1622 i Leopoldstadt, formodentlig af kejser Ferdinand den Anden og hustru Eleonora. Da kejser Joseph den Anden gennemførte en række reformer i 1783, herunder en reform af klostrene, førte det til, at mange klostre blev lukket, herunder også Karmeliterklostret, kirken fungerede herefter som sognekirke, som den i øvrigt stadig er. Klostret blev siden hen revet ned. Karmeliterne fik en erstatning på 350.000 Gylden fra en religionsfond, og købte herefter en grund i 19. Bezirk, Döbling. De fik arkitekt Richard Jordan til at tegne et nyt klosteranlæg med tilhørende kirke. Grundstenen blev lagt i oktober 1898, og byggeriet blev indviet i august 1900. I december 1901 fik klosterkirken fem nye klokker, men først i 1930erne var kirkebyggeriet helt færdigt.

Karmeliterordenen blev grundlagt af Berthold af Calabrien omkring år 1185, da han grundlagde et kloster på Karmelbjerget i Israel, hvor munkene var pilgrimme fra Europa. Klosterreglerne blev skrevet af patriarken Albert af Jerusalem i 1209, og stadfæstet af Paven i 1226. Reglerne betød blandt andet, at munkene skulle leve i tavshed og spise vegetarisk. Karmeliterordenen flyttede i 1238 til Cypern og Sicilien på grund af urolige forhold i Mellemøsten. Ordenen blev udbredt til store dele af Europa i det 13. århundrede, og i 1410 nåede ordenen også i Danmark, hvor der findes Karmeliterklostre i Assens, Helsingør, Skælskør, Sæby, Aarhus og Hillerød.

KAPUZINERKLOSTER
Tegetthoffstraße 2 • 1010 Wien

Kapucinerklostret i Wien befinder sig i 1. Bezirk, og er en del af Kapuzinerkirken, som mest er kendt for dens gravkapel, Kapuzinergruft eller Kaisergruft, som er sidste hvilested for kejserslægten Habsburgerne. Kloster, klosterkirke og Kaisergruft blev grundlagt testamentarisk af kejserinde Anna (1585-1618), som havde været gift med kejser Matthias (1557-1619). Grundstenen blev lagt i september 1622 af kejser Ferdinand den Anden (1578-1637) på den daværende Mehlmarkt. Men på grund af Trediveårskrigen (1618-1648) blev byggeriet forsinket og stod først færdigt i 1632. I det 17. århundrede boede prædikanten Marco d'Aviano, som er begravet i Kapuzinerkirche og senere hen er helgenkåret. Kirke og kloster er blevet ombygget af flere omgange, og kirkens facade blev genskabt efter historiske billeder i 1934-1936. *Læs eventuelt mere på side 26 i denne bog.*

Klostret var beboet af munke fra kapucinerordenen, i 1634 var der 54 munke på klostret og omkring ti år senere var der 70 munke på klostret. Da pesten, den sorte død, raserede i Wiens gader i 1679, omkom 38 munke af pestsygdommen. De var blevet smittet under deres arbejde med pasning og pleje af netop de pestsyge wienere. Klostret blev ødelagt under den anden tyrkiske belejring i 1683. På dette tidspunkt var kapucinermunken Emerich Sinelli fyrstebiskop i Wien og før det havde han været Wienerkonventionens vogter i 13 år og derefter som kejserens hemmelige konferenceminister. I maj 1691 blev klostret ramt af en brand, der lagde store dele af klostret i ruiner, dog slap kirken og de nærliggende bygninger uskadte. I februar 1782 kom det frem, at fire præster havde siddet til fange i klostrets underjordiske fængsel i meget lang tid, nemlig 11, 13, 16 og 53 år.

I marts 1782 kom Pave Pius den Sjette på besøg i Wien, og besøgte i den forbindelse kirken, hvor han afholdte en messe i Kaiserkapelle, Kejserkapellet. Efter messen besøgte Paven kejsernes gravkammer, Kaisergruft, hvor han eftersigende skulle have knælet ved kejserinde Maria Theresias sarkofag. Han skulle også have besøgt klostret og skatkammeret. Pavens besøg sluttede med at flere højstående herskaber skulle have fået tilladelse til at knæle foran Paven og kysse hans fødder. Da kejser Joseph den Anden indførte sin klosterreform i 1783 boede der 80 munke på klostret, men de måtte flytte tættere sammen for klosterreformen betød, at klostrets areal skulle formindskes. Under den fransk-østrigske krig i 1809 fungerede klostret som meldepot. En historie melder, at Napoleon den Første skulle have besøgt Kaisergruft sent om aftenen den 5. oktober 1809, med sig havde han blot en enkelt ledsager, hvem det var melder historien intet om. I lyset af nogle få fakler skulle han have standset ved kejserinde Maria Theresia og hendes mands sarkofager. 23 år senere blev hans søn, Napoleon Franz Bonaparte, bisat i gravkapellet, en søn som Napoleon den Første havde fået med sin anden hustru, Maria Louise af Østrig. I begyndelsen af det 18. århundrede var klostret tæt på at blive opløst, da der manglede munke, og der opstod en snak om at flytte Habsburgernes gravkapel til den nærliggende Augustinerkirche, men det skete heldigvis ikke. I 1840-

1842 blev klostret, som efterhånden var faldefærdigt, revet ned, men blev genopført i dens nuværende form. Klostret er ikke tilgængeligt for offentligheden.

Kloster der Schwestern vom armen Kinde Jesu
Döblinger Hauptstraße 83
1190 Wien

Kloster der Schwestern vom armen Kinde Jesu er et nonnekloster i Oberdöbling i 19. Bezirk. Klostret omfatter også en romersk-katolsk kirke samt en skole, Maria Regina. Skolen er både folkeskole, børnehave, kostskole samt et uddannelsessted indenfor pædagogik. Nonneordenen kom til Wien i 1857, hvorefter de købte et ældre hus samt et kapel, Johannes Nepomuk Kapelle. Man rev huset ned og opførte den nuværende bygning. Klosterkapellet fik lov til at blive, og dets historie kan spores tilbage til et sted mellem 1726 og 1739, hvor Wolff Josef Hoffmändl von Mangeram opførte et privat kapel. I forbindelse med kejser Joseph den Andens kirkereformer i 1783, skulle kejseren eftersigende selv være taget til Oberdöbling for at bestemme om kapellet skulle være en del af den nærliggende kirke St. Paul eller ophøjes til sognekirke i Döbling. Det endte med, at kapellet blev en del af St. Pauls Kirche. Kapellet blev efterfølgende lukket, inventaret blev solgt på en auktion i 1785. Kapellet blev også solgt, køberen var en lokal tømrer, som benyttede kapellet som lager.

Detalje

Men med tiden forfaldt St. Pauls Kirche, og man havde ikke fundet de nødvendige midler til at sætte kirken i stand, begyndte man atter at kigge på kapellet, om det ikke var muligt at benytte som kirkerum. Jo, det kunne man godt, kapellet blev købt tilbage og i 1794 blev kapellet genindviet. Mens man i 1826-1829 byggede en ny St. Pauls Kirche, fungerede kapellet endda som sognekirke. Herefter blev kapellet udvidet og fungerede i nogle få år som teatersal. I 1861 blev kapellet atter genindviet til kirke. Kapellet blev hurtigt for lille, og nonnerne fik opført en ny kirke i 1885. Den nye klosterkirke blev tegnet af arkitekt Friedrich Luckner, og indviet i 1887. Kapellet blev delt op i to etager, den øverste del blev anvendt til forsamlinger, mens den nederste del blev anvendt til spisesal. Denne deling fra 1885 eksisterer stadig. På kapellets facade kan man se figurerne af den hellige Florian og den hellige Leopold.

KLOSTER MARIABRUNN
Hauptstraße 7 • 1140 Wien

Kloster Mariabrunn er beliggende i Hadersdorf-Weidlingau i 14. Bezirk, Penzing. Det er et tidligere kloster, som i dag benyttes som uddannelses- og forskningssted indenfor skovbrug, naturbeskyttelse og landbrug. Desuden rummer det fredede klosteranlæg også på et skovmuseum. Mariabrunn blev nævnt som pilgrimssted i 1610, men blev givet til Augustinerordenen i 1636-1637.

Kloster samt kirke blev færdigbygget og indviet i 1655. Under den anden tyrkiske belejring, i 1683, blev både kloster og kirke ødelagt, men genopbygget. Fra 1726 til 1739 blev klostret ombygget og udvidet mod øst. Omkring år 1787 blev der anlagt en klosterhave på den nordlige side af klostret. I 1813 flyttede skovfogeduddannelsen ind på klostret, og i 1829 blev klostret opløst. Fra 1867 til 1875 fungerede klostret som skovakademi og siden 1887 har klostret fungeret som skovforsøgsinstitut.

KLOSTERNEUBURG
Stiftsplatz 1 • 3400 Klosterneuburg
www.stift-klosterneuburg.at

Blot nogle få kilometer udenfor Wiens nordlige bygrænse finder man Klosterneuburg med sine godt 25.000 indbyggere. Klostret, der blev grundlagt i juni 1114 af Leopold den Tredje von Babenberg, gemmer på en over 900 år lang historie. I første omgang blev klostret opført til det nationalhellige Østrig, men i 1133 blev klostret givet til Augustinermunkene. Klostret udviklede sig hurtigt til et kulturelt og teologisk centrum. Indtil omkring år 1722 var det et såkaldt dobbelt kloster, det vil sige, at det både var et munke- og et nonnekloster. Store dele af det nuværende kloster stammer fra et sted mellem 1730 og 1834. Kapellet med Leopold den Tredjes grav er bevaret.

Under Anden Verdenskrig blev klostrets munke tvunget til at opgive klostret, få af munkene gik ind i modstandsbevægelsen, der alle, på nær én, blev forrådte og henrettet i 1944. Den 30. april 1945 kunne munkene vende tilbage til deres kloster, og lidt efter lidt, fik de deres beslaglagte ejendele og ejendomme tilbage. Klosterkirkens alter er det berømte Verdun Alter, der blev skabt af Nikolaus von Verdun, i år 1181. På klostermuseet finder man den berømte Klosterneuburger Madonna fra cirka år 1300. Klostrets bibliotek rummer cirka 160.000 bøger. Klostret Stift Klosterneuburg er den største arbejdsgiver i området, de beskæftiger cirka 200. Desuden er de en af de største og ældste vinproducenter, ikke blot i Wien, men i hele Østrig, deres vingods er på 108 hektar. Der bor i dag cirka 50 augustinermunke på klostret, som blandt andet tager sig af sjælesorg i 27 sogne samt drift af klostret, vingård, skovbrug, udlejning af ejendomme samt undervisning. I år 2000 blev det besluttet, at klostret skulle donere mindst ti procent af deres overskud fra deres forskellige virksomheder til sociale projekter i både ind- og udland.

KLOSTER SANKT CLARA

Kloster Sankt Clara eller Klarisserkloster St. Clara var et middelalderligt kloster for klarisserordenen i Wien. Klostret lå oprindeligt i området mellem Kärntner Straße og Lobkowitzplatz, som på dette tidspunkt hed Schweinemarkt. Klostret blev grundlagt i 1302 af Rudolf den Tredje og hustru Blanka, og var beboet med nonner fra Agnesklostret i Prag.

Det var kun døtre samt enker fra fyrstefamilier og adelen som kunne blive optaget i klostret, hvis altså familien lige donerede store summer penge til klostret. Klosterkirken blev indviet i 1347, og nonnerne boede i kirkens vestlige del. Under den første tyrkiske belejring i 1529 flygtede nonnerne til deres kloster i Judenburg. Men de vendte retur til Wien efter belejringen, men kunne ikke bo i deres oprindelige kloster, så Ferdinand den Første overlod pilgrimshuset ved St. Anna til nonnerne, i første omgang som en midlertidig løsning, men fra 1540 som en permanent løsning. Her boede de indtil 1572, hvor nonneordenen blev opløst efter den sidste tilbageværende nonne døde. De tilbageværende rester af deres oprindelige kloster, som nu var indrettet til Borgerhospital, Bürgerspital, blev ombygget til lejligheder i 1790, inden bygningen blev revet ned i 1873.

KLOSTER SANKT JAKOB AUF DER HÜLBEN

Kloster Sankt Jakob auf der Hülben var et nonnekloster under Augustinerordenen, det lå i området omkring Zedlitzgasse, Riemergasse, Stubenbastei, An der Hülben og Jakobergasse, i Stubenviertel, som er et historisk kvarter i hjertet af Wien. Til klostret hørte også en klosterkirke, Jakobskirche, samt en kirkegård, Am Sanct Jakobsfreithof, som var beliggende i Zedlitzgasse mellem Riemergasse og Stubenbastei. Man formoder, at Sankt Jakob Klostret var det ældste nonnekloster i Wien, helt hvornår klostret blev grundlagt findes der ingen kilder på, da der var en brand på klostret i august 1256, hvor deres skriftlige optegnelser brændte. Første gang man så klostret nævnt i et dokument var i 1301, da klostret kom til at høre under klostret i Klosterneuburg.

Men det siges, at klostret formodentligt blev opført et sted mellem 1136 og 1141 under Leopold den Fjerdes regeringstid. Leopold den Fjerde skulle eftersigende have gået en tur i området langs den oversvømmede Wienfluß, hvor han i det oversvømmede område skulle have opdaget en lille statue af Sankt Jakob, og havde trukket den i land. Efterfølgende fik han opført et kapel, hvor den lille statue kunne stå. Senere blev der opført et hus til den fromme Frau Khülberin. Huset blev senere hen beboet af tre enker fra adelen. Historien fortæller endvidere, at hustruerne af områdets herremænd og adelsmænd valgte at få opført en kirke på et grundstykke som blev kaldt for *die Hülben*. I forbindelse med kirken blev der også opført et kloster, hvor kvinderne kunne bo, i første omgang uden at tilføre en bestemt orden, men siden hen indordnede de sig efter den hellige Augustinus' ordensregler.

Et andet sagn fortæller, at abbedisse Anna von Rappach havde et ønske om, at nonnerne på klostret skulle have retten til at høre folks bekendelser. Dette ønske fremlagde hun til biskop Mangold, da han besøgte klostret. Men biskop Mangold mente dog ikke, at kvinder kunne holde på hemmeligheder, og sagde derfor nej til abbedissens ønske, da et brud på skriftestolens hemmeligholdelse var en af de mest alvorlige synder der fandtes. Herefter skulle Anna von Rappach eftersigende have svoret, at hun hellere ville dø ti tusinde gange end at afsløre en hemmelighed, og at biskoppen i det mindste kunne give det en chance, og han ville ikke fortryde det. Biskoppen skulle til sidst have givet sig, og givet abbedissen lov at være skriftefader som et forsøg. Biskoppen arrangerede, at klostrets sogneforvalter og kanniken fra Sankt Stefan, Sieghard, skulle komme og aflægge sit skriftemål hos abbedissen. Historien som skriftefader var dog ganske kort, for kort efter Sieghard havde aflagt sit skriftemål, tja... så brød hun skriftehemmeligheden kort efter. Denne historie kom frem i 1208-1209, den blev fortalt af biskop Mangold af Passau og nedskrevet af præst Sieghard i 1213. Men om historien er sand, tja... det kan Guderne kun vide.

Klostret kom i 1434 under klostret i Klosterneuburgs administration og i 1491 blev administrationen overtaget af Dorotheerklostret. I juli 1525 blev kirken og den nærliggende gård ramt af brand, mens klostret slap uskadt. Men for at skaffe økonomi til at genopføre kirke og gård, måtte abbedisse Margarethe von Losenstein sælge flere værdier, men året efter bad hun kong Ferdinand den Første om økonomisk hjælp til at genopføre deres gård. Man havde kun lige fået genopbygget kirke og gård, da tyrkerne erobrede Wien i 1529, og ødelagde ejendommene, denne gang også klostret. Efter belejringen var bygningerne ødelagt, og deres ejendomme ude på landet, det vil sige på den anden side af bymuren, var brændt ned. Mange klostre på indersiden af bymuren blev pålagt, at huse de borgere, som under den tyrkiske belejring havde mistet deres hjem, dog blev klostret St. Jakob fritaget for dette, da klostret var grundlagt af adelen. Abbedissen var dog tvunget til at betale en sum penge for at få genopført deres kloster. Hun havde dog ikke nok penge, derfor måtte de adelige, som boede på klostret, gå tiggergang til deres familier for at skaffe de nødvendige midler.

I 1531 fik de en stor donation af Amalia von Wolfenreuth, som var flyttet ind på klostret efter hendes mand var død. Samme år flygtede nonnerne fra Wien til Linz, da de var bange for endnu en belejring af tyrkerne. Men en ny belejring fra tyrkerne kom ikke og nonnerne vendte retur. Men klostrets økonomi var ikke god, og nonnerne måtte atter pante en del af deres ejendomme for at skaffe penge til at drive klosterskolen for adelens børn. I 1544 boede der 17 nonner på klostret, i 1554 var det tal blot 7. For at forbedre klostrets økonomi besluttede kejser Ferdinand den Første i 1559 at indsætte en administrator, Georg Pürkl, som forsøgte at få styr på klostrets økonomi. I 1560 var antallet af nonner faldet til 6 beboere. I 1575 fik en yngre nonne, Dorothea von Puchheim, jobbet som abbedisse på klostret, i håb om, at det kunne tiltrække flere yngre nonner til. Det lykkedes ikke helt, og i november 1582 flygtede to yngre nonner fra klostret. Samtidig var klostret efterhånden faldefærdigt, der blev fundet penge til reparationer, men i 1591 blev Wien ramt af et jordskælv, som fik kirken til at styrte sammen. Men nonnerne kunne ikke finde de økonomiske midler til at genopbygge klostret og kirken. I april 1627 brændte klostret ned under den sidste store bybrand. I løbet af 1630erne og 1640erne fik klostret flere større og mindre donationer, så deres økonomi forbedrede sig. I 1660 blev der stillet et hus i Annagasse til rådighed for nonnerne. I 1683 bankede de tyrkiske tropper atter på, og nonner flygtede atter til Linz.

I begyndelsen af det 18. århundrede skete der et opsving på klostret, de havde fået styr på økonomien, og der boede nu 49 nonner og 17 lægsøstre på klostret. I 1783 gennemførte kejser Joseph den Anden en række reformer, herunder kirke- og klosterreformer, som førte til at klostret blev opløst, og nonnerne forlod klostret i marts 1784, hvorefter klosterkirken blev spærret af. De nu tidligere nonner fik lov til at beholde de ting, som de havde haft i deres celler (ja, sådan hedder nonnernes værelser på et kloster), det vil sige bøger, billeder og seng, derudover fik nonnerne en pension på 200 Gylden. Den sidste nonne, der havde boet på klostret St. Jakob, var Antonia Schmerl, som døde den 25. maj 1822.

Klosterkirken blev revet ned i 1784 og erstattet af en udlejningsejendom. Da man ryddede krypten under klostret fandt man resterne af 734 lig, herunder baronesse Maria Magdalena von Walterskirchen, som var død i 1715 af uforklarlige årsager. Det førte til opmærksomhed og kritik blandt befolkningen, som regeringen forsøgte at dæmpe. Ligene blev efterfølgende genbegravet på Sankt Marxer Friedhof. I klostret fandt man desuden 4.454 fulde og 991 tomme tønder, blandt andet med vin. I kirkeskatten fandt man værdier for 80.000 Gylden, herunder en kalk med ædelsten til en værdi på 25.000 Gylden. Klostergrunden blev solgt og pengene faldt i religionfondens pengekasse. Skulpturen af den hellige Jakob, blev taget med af klostrets sidste abbedisse og endte i 1817 på Ursulinenklostret, men har siden 1960 tilhørt Dommuseet i Wien. På klostrets tidligere grund ligger der i dag et gymnasium, Gymnasium Stubenbastei, og navnene Jakoberhof og Jakobergasse kan spores tilbage til klostret og klosterkirken.

KLOSTER SANKT LAURENZ

Kloster Sankt Laurenz var beliggende i området mellem Laurenzerberg, Postgasse og Fleischmarkt i 1. Bezirk. Det tidligere klosterkompleks eksisterer stadig og er omkranset af fire gader, nemlig Laurenzerberg, Auwinkel, Fleischmarkt og Postgasse. Klostret blev grundlagt i 1293 af adelige fruer i området ved Laurenzerberg, som går stejlt ned mod Donaukanalen. Klostret blev opført op ad, hvad man formoder, den gamle befæstede bymur rundt om det oprindelige Wien. Muren blev opført i nærheden af Bibertor i 1276 formodentlig af Przemysl Ottokar den Anden. Byggeriet af klostret stod på indtil 1302. I 1301 tvang biskop Bernhard von Passau de adelige fruer på det nye kloster ind i en kirkelig orden, og valget faldt på Dominikanerordenen, som siden 1226 havde eksisteret i Wien.

Wien blev i 1349 ramt af den sorte død, pesten, og det ramte også nonnerne på klostret, og alle omkom. Efter epidemien var overstået flyttede nonner fra Augustinerordenen i Oberen Werd til klostret St. Laurenz. I 1411 kom klostret til at høre under biskop Georg von Passau, da der opstod en strid mellem nonnerne og de øvrige Dominikanere i Wien. Det førte til, at Paven i 1422 opfordrede nonnerne på St. Laurenz klostret til at løse deres strid, og mod nonnernes vilje blev de lagt under Wiens biskop. Det førte til, at nonnerne, som nu kaldte sig for Laurenzerinder forlod Dominikanerordenen i 1424, men fortsatte med at leve under ordenens strenge leveregler. Et sted mellem 1450 og 1452 skiftede nonnerne til Augustinerordenen.

Omkring år 1450 var Laurenzerklostret et af de rigeste klostre i Wien. De gjorde det muligt for ældre mennesker at købe mad, logi og pleje i klostret. I 1503 købte klostret en gård i nærheden af klostret, hvor der blev indrettet værelser til gæster. Da tyrkerne belejrede Wien i 1529 flygtede nonnerne fra Maria-Magdalena-Klostret til deres medsøstre og de to klostre blev lagt sammen i 1533. Omkring år 1544 levede der 20 nonner på St. Laurenz klostret, og i 1558 var der blot 9 nonner tilbage.

I 1590 blev Wien ramt af et jordskælv, som ødelagde tårn og kirke, pengene til reparationerne kom fra kejseren. I april 1627 blev klostret ramt af en ødelæggende brand. I 1638 fik murer Hans Gatter opgaven med at bygge et nyt kloster. Det nye kloster blev opført som et lyst og venligt kloster med 52 celler, ja... sådan hedder de værelser, hvor nonnerne boede. I 1660 stod det nye kloster færdigt. Da tyrkerne for anden gang belejrede Wien i 1683 forlod nonnerne Wien, og deres kloster og kirke blev ødelagt, men blev siden hen genopbygget og nonnerne vendte retur. Klostret havde et lille hospital, hvor de plejede de syge, samt et klosterapotek. I 1775 blev der åbnet en pigeskole på klostret, hvor nonnerne stod for opdragelse og undervisning. Desuden kunne fruerne fra det bedre borgerskab og fra adelen, under fasten, trække sig tilbage på klostret for at deltage i bøn og fordybelse, mod betaling naturligvis. I 1783 blev der gennemført

en lang række nye reformer, herunder en kirke- og klosterreform, som førte til, at Laurenzerklostret blev opløst. I marts 1784 forlod nonnerne klostret, og klostret blev solgt. I 1797 blev der åbnet en farvefabrik i det tidligere kloster, men blot ti år senere, i 1807, blev det tidligere kloster solgt til staten. I 1819 blev dele af klostret revet ned, mens hele kirken blev revet ned, for at give plads til et nybyggeri, hvor bogcensorerne flyttede ind, og senere også flere afdelinger af det kejserlige hofs administration, herunder regnskabsafdelingen. Senere blev det tidligere kloster benyttet til finansministerium samt til skatte- og postvæsnet. I 1875 flyttede det kejserlige postvæsen ind i det tidligere kloster, og benyttes i dag delvist stadigt af det østrigske postvæsen.

KLOSTER SANKT ULRICH
Mecharistengasse 2-4 • 1070 Wien

Kloster Sankt Ulrich eller Kapuzinerkloster er beliggende i bydelen St. Ulrich, som er en del af 7. Bezirk, Neubau. De første Kapucinermunke kom til Wien i 1599 på en invitation fra kejser Rudolf den Anden. Det var grev Ernst von Mollard, der betalte for opførelsen af et lille kloster i St. Ulrich, der på dette tidspunkt var en selvstændig forstad til Wien. Grundstenen til klostret blev lagt i april år 1600. Kejser Matthias, som efterfulgte kejser Rudolf den Anden, ønskede, at Kapucinerne også skulle opføre et kloster inde i Wien, da han ønskede at blive stedt til hvile i deres hus. Kejseren og hans hustru testamenterede store summer penge, således, at munkene kunne flytte ind til byen og opføre et kloster. Men da kejser Matthias døde i marts 1619, blot fire måneder efter sin hustru Annas død, var grundstenen til det nye kloster endnu ikke lagt. Derfor blev de begge midlertidigt begravet i Königinkloster. Efter færdiggørelsen af det nye Kapucinerkloster blev deres sarkofager overført til krypten, Kapuzinergruft, som i øvrig også kaldes Kaisergruft, i klostret. Klostret i St. Ulrich blev opløst i 1811, da der ikke var flere munke tilbage. Herefter blev klostret overgivet til Mechitaristerne, som i 1835-1837 fik opført et nyt kloster, som blev tegnet af arkitekt Joseph Georg Kornhäusel.

KLOSTER SCHWARZSPANIER

Schwarzspanierstraße 13-15
1090 Wien

Klostret Schwarzspanier blev grundlagt i 1633 af Ferdinand den Anden til minde om Slaget ved Lützen den 16. november 1632, hvor den svenske kong Gustav Adolf døde. Klostret blev hurtigt en del af Benediktinerorden i Montserrat i Spanien, muligvis hjulpet lidt på vej af Ferdinand den Andens svigerdatter, Maria Anna af Spanien, som var gift med den senere kejser Ferdinand den Tredje. De første munke flyttede ind i 1634 og blev i 1636 en del af Emaus-Klostret i Prag. Da klostret oprindeligt lå på Glacis ved Schottentor meddelte Wiens bykommandør grev Rüdiger Starhemberg i 1683, kort efter tyr-

kerne havde belejret Wien for anden gang, at man blev nødt til at brænde klostret ned på grund militære årsager. I stedet blev der fundet en grund i udkanten af Alsergrund, som på dette tidspunkt var en selvstændig forstad til Wien. Klostret blev opført i årene 1687-1727, mens byggeriet af kirken stod på i årene 1690-1738. I 1708 blev klostret et selvstændigt kloster.

I årene 1664-1667 samt 1702-1788 forvaltede munkene på Schwarzspanierklostret den nærliggende offentlige kirkegård, Friedhof vor der Schottentor, der lå i området omkring gaderne Rotenhausgasse-Garnisongasse i det nuværende 9. Bezirk, Alsergrund, som også havde en afdeling til protestanterne. I 1780 måtte munkene, efter ordre fra kejser Joseph den Anden, flytte til det

Detalje

nedlagte Jesuiterkollegium ved det gamle universitet, men i forbindelse med indførelsen af kirke- og klosterreformen i 1783 blev klostret opløst, og kirken blev tømt. Nogle af klostrets bygninger blev allerede solgt i 1781, mens de øvrige overgik til Schottenstift. Navnet *Schwarzspanier, de sorte spaniere*, blev formodentligt givet for at kunne skelne dette kloster med munkene på Trinitarierklostret, som blev kaldt for *Weißspanier, de hvide spaniere*. Farven havde ikke noget med hudfarven at gøre, men derimod farven på deres ordensdragt. Munkene på Schwarzspanierklostret stammede hovedsageligt fra Tyskland.

KLOSTER ZUR SANKT AGNES AN DER HIMMELPFORTE
Himmelpfortgasse 7 • 1010 Wien

Klostret zur St. Agnes an der Himmelpforte, eller Kloster St. Agnes zur Himmelpforte er et tidligere kloster i 1. Bezirk, som eksisterede fra det 13. århundrede til det 18. århundrede. Klostret lå i den nuværende Altstadt syd for Stephansdom. Klostret blev grundlagt i 1230 af Konstanze af Ungarn, som var gift med kong Ottokar den Første af Bøhmen. I 1267 blev klostret en del af Augustinerordenen. Klosterkirken blev indviet i 1267, som i 1331 blev viet til St. Agnes på initiativ fra den ungarske dronning Agnes. Det førte til, at der kom nogle få ungarske nonner til klostret. I det 15. århundrede ejede klostret flere grundarealer i Wien og omegn. Klostret blev ramt af en brand i 1525, og i 1529 blev klostret ødelagt yderligere under den første tyrkiske belejring. I 1577 boede der seks nonner på klostret, hvoraf de fem stammede fra Ungarn. I 1588 døde klostrets abbedisse og efterfølgende døde de øvrige nonner under den sorte død, pesten, som på dette tidspunkt hærgede i Wien. I 1589 blev klostret benyttet af nonner fra Augustinerklostret St. Jakob auf der Hülben, som siden hen overtog klostret. I 1706 boede der 60 nonner på klostret. I forbindelse med kejser Joseph den Andens omfattende kirke- og klosterreform i 1783 blev klostret opløst og kirken blev revet ned.

KÖNIGINKLOSTER - KLARISSEN KLOSTER SANKT MARIA
Da Elisabeth (1554-1592), gift med kong Karl den Niende af Frankrig, datter af Maximilian den Anden og søster til Rudolf den Anden, vendte retur til Wien i 1580, købte hun ejendommen der lå mellem Dorotheergasse 16-18, Stallburggasse 1-3 og Bräunerstraße 11. Denne ejendom fik hun ombygget til at kunne huse et kloster, Clarissenkloster, Maria Königin der Engel (Klarisserkloster Maria, Englenes Dronning), og hentede de første nonner på klostret Anger i München. Klostret betegnes desværre ofte som Königskloster (Kongeklostret), men dets korrekte betegnelse er Königinkloster (Dronningeklostret). Grundstenen til klosterkirken blev lagt i marts 1582. I 1783, da kejser Joseph den Anden

indførte sin kirke- og klosterreform, blev Königinklostret og klosterkirken opløst. I kirkens gravkammer lå klostrets stifter begravet, hendes sarkofag blev herefter flyttet til fyrstegravkapellet i Stephansdom. Kirke og kloster blev herefter solgt, grev Moritz Fries købte parcellerne på Josefsplatz 5 og Bräunerstraße 13, hvor han i 1783-1784 fik opført et palæ, Palais Pallavicini. Klosterkirken i Dorotheergasse 18 blev købt af den lutheransk-evangeligske menighed. Mens det øvrige kloster blev omdannet til en beboelsesejendom.

MECHITHARISTENKLOSTER
Mechitaristengasse 4 • 1070 Wien
www.mechitharisten.org

Merchitharistenkloster er både kloster, kirke samt museum. Det er beliggende i 7. Bezirk, Neubau, i gaden Mechitaristengasse, nærmere præcis bag porten i nummer 4. Her har der gennem generationer boet grupper af armenske munke, som tilhører Mechitaristordenen. Klostret blev tegnet af Joseph Georg Kornhäusel og opført i 1836-1838, mens kirken blev tegnet af Camillio Sittes og Heinrich von Ferstel, og opført omkring år 1874. Både kloster og kirke betegnes i dag som et arkitektonisk klenodie. Klostrets museum indeholder en samling af cirka 40.000 mønter, værdifulde tæpper og malerier, ældre kirkelige parametre og liturgiske anordninger samt et bibliotek med omkring 200.000 bøger. Klostret tilhørte tidligere Kapucinermunkene.

MINORITENKLOSTER
Alser Straße 17 • 1080 Wien

Minoritenkloster Wien er beliggende i Alservorstadt, som er en bydel på grænsen mellem Josefstadt og Alsergrund. Klostret har et centralbibliotek for Minoriterne i Østrig. Klostret er forbundet med Alserkirche. Minoriterne er den næstældste orden i Wien og den ældste gren af den serafiske ordener, de kaldes også for *Schwarze Franziskaner, de sorte Franciskanere*, ikke på grund af deres husfarve, men på grund af farven på deres ordensdragt. Ordenen blev grundlagt i 1209 af Franz von Assisi, og i 1224 blev ordenen hentet til Wien af hertug Leopold den Sjette af Østrig. Ordenen var med til at opføre det første Hofburg, siden hen opførte de Minoritenkirche og tilhørende kloster. I 1621 grundlagde de deres egen klosterskole, som dog blev opløst, da de blev tvunget til at flyttet til Alservorstadt. I 1748 stod deres nye kloster klar til indflytning, men i 1783 indførte kejser Joseph den Anden en kloster- og kirkereform, som førte til, at klostret blev opløst og efterfølgende revet ned. I 1784 flyttede minoritterne ind på Trinitarierklostret i Alser Straße på ordre fra kejser Joseph. Endvidere fik de til opgave at passe sjælesorgen i sognet i Alsergrund, efter der var sket en ny sogneinddeling. I Alsergrund finder man mange sygehuse, herunder det store AKH, som er Wiens største hospital, samt et tidligere fattighjem og børnehjem, derfor har sognet i Alsergrund Europas største registerarkiv. I klostrets korsgang finder man cirka 4.300 takketavler og to mindetavler, hvor man mindes ofrene fra tiden under nazismen. Derudover er der et mindested for minoritterpræsten Maximilian Kolbe, som blev myrdet i KZ-lejren Auschwitz.

SALESIANERINNENKLOSTER
Rennweg 10 • 1030 Wien

Salesianerinnenkloster tilhører ordenen *Heimsuchung Mariens*, som blev grundlagt af den hellige Franz von Sales, der var biskop i Genève, samt af den hellige Johanna Franziska von Chantal i juni 1610 i Annecy, Frankrig. Ordenens klostre er alle autonome og rapporterer direkte til *Den Hellige Stol, Sancta Sedes, Sedes apostolica,* som er betegnelsen for bispesædet i Rom, som er den øverste embedsfunktion i den katolske kirke. *Den Hellige Stol* er den statsretlige betegnelse for Vatikanstaten. Ordenens klostre er grupperet i forbund, som støtter hinanden. De tysktalende klostre i ordenen drev alle tidligere skoler og kostskoler.

Nonnerne, eller søstrene, på klostret på Rennweg, lever et kontemplativt liv, det vil sige, de lever i guddommelig forening, hvor man jævnligt og vedvarende bevæges af Ånden i bøn og handling. Men de lader også andre deltage i deres bøn og stilhed. Klostret blev grundlagt i 1716 af kejserinde Wilhelmine Amalia, som var enke efter kejser Joseph den Første. Grundstenen til klostret blev lagt i maj 1717, og i 1728 kunne man indvie klostret. Kejserinde Wilhelmine Amalia døde i april 1742 på sit elskede kloster på Rennweg. Hendes sidste ønske var at bære ordensdragten på sit dødsleje, hun blev efterfølgende begravet i klostrets gravkapel. Klostret fungerede som klosterskole og kostskole for piger fra det bedre borgerskab indtil 1927. I kejserinde Wilhemine Amalias fløj på klostret anvendes i dag som *Universitet for musik og scenekunst, Universität für Musik und darstellende Kunst Wien*. Klosteranlægget består af otte gårde, som er beliggende syd for Schloß Belvedere. Bag klostret er der haveanlæg som strækker sig mellem Universitet Wiens botaniske have og parkanlægget ved Schloß Belvedere.

SCHOTTENKLOSTER
Freyung 6 • 1010 Wien
www.schottenstift.at

I 1156 inviterede hertug Heinrich den Anden Jasomirgott nogle irske munke til Wien for at grundlægge et kloster. Klostret blev kaldt *Scotia*, det latinske navn for *Irland*, men blev senere til Schottenkloster. De irske munke var engagerede i videnskabeligt arbejde, så i 1320 oprettede de en skole her. Det var også dem der var med til at grundlægge Universitetet i Wien i 1365. Munkene på klostret hører under Benediktinerordenen, som er kendt for deres gæstfrihed, som har betydet, at rejsende, siden middelalderen, har kunne bo i klostret og asylansøgere har kunne søge tilflugt. Klostret driver stadig et mindre pensionat. På klostret bor der i dag cirka 20 munke, der dagligt tager sig af klostrets mange aktiviteter, herunder kirken samt klostrets egen butik. Desuden driver de skoler og kroer samt ejer vinmarker og boliger i Wien og omegn. Det nuværende kloster er beliggende i området mellem Freyung, Schottengasse, Helferstorstraße og Renngasse. Det nuværende kloster blev tegnet af arkitekten Joseph Georg Kornhäusel (1782-1860), og opført mellem år 1826 og 1832. I kælderen finder man et kapel, der kan spores tilbage til omkring år 1200. Man kan komme på rundvisning i dele af klostret hver lørdag kl. 14.30, mødestedet er ved Klosterbutikken, der er beliggende mellem klosterporten og kirken. Klostrets museum kan besøges torsdag til lørdag.

MUSEUM I SCHOTTENSTIFT

Klostret, Wiens ældste, har en stor kunstsamling med blandt andet en samling af kunst fra 1600-tallet, møbler, dokumenter samt værker af Peter Paul Rubens og Franz Anton Maulbertsch. Museet har en udstilling om klostrets bygningshistorie. Museets højdepunkt er det gotiske fløjalter fra år 1470, det blev udført af en ukendt kunstner. På altrets 32 billeder kan man opleve historier om Jomfru Maria og Jesus, som hvis de havde været på besøg i Wien i 1300-tallet. Der er billeder af Maria der får besøg af ærkeenglen Gabriel. Der er billeder af Josef og Maria, hvor de flygter til Egypten, dog med det twist, at man i baggrunden kan ane middelalderens Wien. Indgangen til museet finder man bagerst i klostrets butik. Åbningstider findes på klostrets hjemmeside.

Schottenstift

BENEDIKTUSHAUS

Freyung 6 A • 1010 Wien
www.benediktushaus.at

Benediktushaus er klostrets herberg, der dog mere er et pænt vandrehjem end et herberg. Det anbefales dog, at man reserverer plads i god tid.

SERVITENKLOSTER

Servitengasse • 1090 Wien

Servitenkloster er beliggende i umiddelbar nærhed af Servitenkirche. *Serviterne, ordo Servorum Beatae Mariae Virginis* eller *ordenen for den hellige Jomfru Marias tjenere*, er en katolsk munkeorden, som blev grundlagt i 1234 i Firenze. Munkeordenen kom til Wien i 1639. Munkene levede efter den hellige Augustinus' leveregler. Grundstenen til klostret og klosterkirken blev lagt i 1651, dog er størstedelen af klostret opført efter den anden tyrkiske belejring i 1683. Både kloster og kirke slap gennem de to verdenskrige uden skader. Serviterordenen lukkede deres kloster med virkning fra 31. august 2009, da der manglede munke og klostrets økonomi var dårlig.

STIFT HEILIGENKREUZ

Markgraf-Leopold-Platz 1
2532 Heiligenkreuz im Wienerwald
www.stift-heiligenkreuz.org

Stift Heiligenkreuz er et middelalderligt klosteranlæg, som blev grundlagt i 1133. Det er et af Østrigs ældste Cistercienserklostre. Klosterkirken har et berømt alterbillede af Johann Michael Rottmayr og Martin Altomonte. Korsgangen med de gamle glasmalerier stammer fra det 13. århundrede. Man finder desuden gravsteder med medlemmer fra Babenberger-slægten.

THEOBALDKLOSTER

Theobaldkloster eller Kloster St. Theobald er et tidligere kloster. Det ikke længere eksisterende kloster lå i Laimgrube, som i dag er en del af 6. Bezirk, Mariahilf. Klostret lå i området omkring den nuværende Windmühlgasse, mere præcis omkring Theobaldgasse 15-19, Fillgradergasse 10-16 samt Capistrangasse 1-4. Hertug Albrecht den Anden af Østrig, som også blev kaldt for Albrecht der Lahme, grundlagde i 1343 sammen med sin hustru, Johanna, et kapel for at ære den hellige Katharina og den hellige Theobald, eller Diepold, som nogen kilder kalder ham. Kapellet blev opført på ydersiden af bymuren ved Widmertor ved handelsruten til Bayern. Kapellet blev ikke kun benyttet til gudstjenester og messer, næ... på grund af kapellets beliggenhed ved en handelsrute, opkrævede man også told og afgifter her.

I 1349 blev der grundlagt et forsorgshjem til adelige enker. Forsorgshjemmet blev i 1354 forvandlet til et kloster til søstre, nonner, af den hellige Franciskus Tredje Orden, Franciskanerordenen. Klostret blev i 1451 omdannet til et franciskanermunkekloster under kejser Friedrich den Tredjes regeringstid. Samme år rejste nonnerne ind til Wien, og flyttede ind i et hus i nærheden af Minoriterklostret. Huset lå formodentligt i Schenkengasse, som allerede fra 1302 havde været ejet af ordenen. Her blev nonnerne indtil klosterets opløsning i 1550. Efter klostret i Laimgrube var blevet overtaget af munke, blev det i juli 1451 viet til den hellige Theobald. Under den første tyrkiske belejring i 1529, blev både kloster og kirke ødelagt, men blev efterfølgende ikke genopbygget.

I 1562 gav kejser Ferdinand den Første den tidligere klostergrund til sin Rigsherold Johann Francolin, som fik ordre på at opføre vindmøller på grunden. Dog blev der blot opført en enkelt vindmølle, som lå i området omkring adressen Capistrangasse 10. På resten af grunden blev der opført lejeboliger, hvorfra der opstod en lille forstad, Windmühle. Ejendommene på den tidligere klostergrund blev i 1585 overtaget af Hans Zeitlhuber i overensstemmelse med ærkehertug Ernst den Tredje af Østrig. Hans Zeitlhuber solgte senere området til Jakob Mägerl, der i marts 1620 solgte området til byen Wien. På området, hvor klostret tidligere havde stået, blev i 1621 købt af ægteparret Ulrich og Anna Marie Khertenkhalck. Ulrich Khertenkhalck var medlem af det inderste råd i byen Wien, og stiftede sammen med hustruen et kapel for at ære den hellige Theobald, som i 1667 blev givet til Karmeliterordenen.

Karmeliterne opførte et nyt kloster og tilhørende klosterkirke, som blev viet til den hellige Josef. Klosterkirken blev i 1783 ophøjet til sognekirke, mens klostret blev opløst efter kejser Joseph den Anden indførte en ny kirke- og klosterreform. Klostret blev herefter overtaget af militæret, og i 1804 blev klostret omdannet til et arbejderhus. Mellem 1881 og 1905 fungerede det tidligere kloster som et arresthus, inden man fik opført det *nye* arresthus på Roßauer Lände i 9. Bezirk, Alsergrund.

Spejling af kejserinde Sisis skulptur i Volksgarten

Når jeg er ude at rejse, forsøger jeg ofte at finde tid til at besøge en eller flere kirkegårde. Det lyder lidt morbidt og makabert, men jeg gør det nu mest for at se, hvordan udenlandske kirkegårde ser ud, hvordan gravstenene ser ud og ikke mindst udsmykningen. På min sidste dag i Wien i 2018, inden jeg skulle hjem med nattoget, tog jeg sporvogn 71 fra Staatsoper ud til Wiener Zentralfriedhof i bydelen Simmering, en tur på godt 30 minutter. Det var en noget anderledes kirkegård end jeg normalt har oplevet både her i Danmark og andre steder i udlandet. Jeg har i dette kapitel udvalgt nogle få af Wiens kirkegårde, nuværende såvel som tidligere kirkegårde, som i dag er omdannet til parker.

I 1780erne indførte kejser Joseph den Anden en lang række reformer, som var med til at føre det habsburgske rige mod oplysningstiden. Blandt reformerne var der også reformer, der skulle ændre Wiens begravelsesvæsen. Reformen medførte, at alle kirkegårde der lå indenfor Linienwall, den nuværende Gürtel, måtte opgives, i stedet skulle der anlægges fem nye kirkegårde udenfor Linienwall. Det blev til kirkegårdene Sankt Marxer Friedhof, Hundsturmer Friedhof, Matzleinsdorfer Friedhof, Währinger Friedhof samt Schmelzer Friedhof.

I midten af det 19. århundrede steg befolkningstallet i Wien, det betød også, at flere ville dø og behøvede en gravplads, derfor så man snart, at de fem kirkegårde i forstæderne ikke ville være store nok. Derfor besluttede bystyret i Wien i 1863, at der skulle oprettes en stor central kirkegård langt udenfor bygrænserne. Den skulle være så stor, at man aldrig ville, så vidt det var muligt, opleve manglen på gravpladser. Samtidig blev kirkernes eneret på begravelsessteder ophævet, det banede vejen for, at det offentlige kunne forvalte og finansiere kirkegården. Kirkegården blev det man i dag kender som Wiener Zentralfriedhof i 11. Bezirk, Simmering. Der er i dag cirka 56 kirkegårde i hele Wien.

For wienerne er døden noget særligt og de har altid sat pris på en smuk død og en solid sammenkomst efter begravelsen. Netop wienernes forhold til døden hører til Wien på linie med Wiener Melange og Sachertorte. Tilbage i tiden, når folk blev henrettet, skete det for øjnene af offentligheden på særlige henrettelsespladser. Folk valfartede til, som var det en folkefest. Folk mødtes for at se henrettelsen, mens de spiste og drak, blandt de tilbudte madvarer og drikke var *Galgenbier* og *Arme Sünder Würstel*, altså galgeøl og pølser. Derfor kan man også opleve Wiens kirker er fulde af overdådige epitafer og kirkegårdene er fulde af store, og til tider kreative, gravsten. Til begravelser er det ikke ualmindeligt, at de efterladte booker operastjerner, som det kommunale begravelsesfirma har kontakter til, eller man booker mere lystigt musik, som man ellers normalt kan høre på den lokale Heurige. At døden er noget særligt, det kan mærkes på Allehelgensdag/aften, hvor tusindvis af wienere valfarter til kirkegårdene, især Sankt Marxer Friedhof og Wiener Zentralfriedhof, for at besøge deres afdøde familiemedlemmer.

I 1953 besluttede bystyret i Wien, at flere mindre bynære kirkegårde skulle lukkes i årene frem mod 1975. Det drejede sig især om kirkegårdene i de forstæder, som var blevet indlemmet i Wien i 1892. Men lukningen af kirkegårdene trak ud i yderligere ti år, da beboerne i de berørte bydele var følelsesmæssigt forbundet til deres lokale kirkegårde. I 1980 blev der afholdt en folkeafstemning om spørgsmålet om lukningen af kirkegårdene, som var et kontroversielt emne. De regerende socialdemokrater ønskede ikke at udsætte sig selv for folkelig vrede på grund af kirkegårdene. Resultatet blev, at befolkningen stemte mod lukningen af kirkegårdene med et klart flertal.

kirkegårdene i Wien administreres i dag af det kommunalt ejede firma Friedhöfe Wien GmbH, som driver 46 kommunale kirkegårde. Desuden er der ni andre kirkegårde, som ikke er kommunalt ejede. De 46 kommunalt ejede kirkegårde er hovedsageligt beliggende i bydelene Favoriten, Simmering, Meidling, Hietzing, Penzing, Ottakring, Hernals, Währing, Döbling, Floridsdorf, Donaustadt og Liesing, det vil sige bydelene fra 10. til 23. Bezirk.

ALTMANNSDORFER FRIEDHOF
Stüber-Gunther-Gasse 1 • 1120 Wien

Altmannsdorfer Friedhof er en kommunalt ejet kirkegård i 12. Bezirk, Meidling. Kirkegården opstod, da Altmannsdorf i 1783 blev ophøjet til selvstændigt kirkesogn, efter de i årevis havde hørt under sognet i Atzgersdorf. Kirkegården blev anlagt i juli 1784, og udvidet i 1835, 1865 og 1878. Kirkegården i Altmannsdorf er en af fire kommunalt ejede kirkegårde i 12. Bezirk, Meidling. På kirkegården finder man mausoleet for familierne Hoffmann, von Hoffinger og Remekhazy. Det er gravkapel for godsejer Johann Hoffmann og hans svigersøn, forfatteren, Johann von Hoffinger. Desuden er der en mindesten for Wiens Mandekor, *Wiener Männergesangsverein*, samt en mindesten for faldne brandfolk fra det frivillige brandvæsen i Altmannsdorf, der mistede livet under de to verdenskrige. Desuden har personligheder som Johann Baptist Weber (1776-1848), grundlægger af den første østrigske sparkasse, *Ersten österreichischen Spar-Casse*, godsejer og mejeriejer Johann Sageder og hans hustru Anna Sageder samt svoger og mejeriejer Lorenz Siller samt familien Siller også fundet deres sidste hvilesteder på kirkegården. Johann Sageder var både godsejer og mejeriejer af Wiens største mejeri. Desuden skulle der være et gravsted med to franske soldater, der døde på et lazaret i Altmannsdorf under den franske besættelse i 1809.

Den jødiske kirkegård Rossau
Seegasse • 1090 Wien

Den jødiske kirkegård er beliggende i gården ved et ældrecenter i Seegasse i bydelen Roßau i 9. Bezirk, derfor kaldes kirkegården også for Jüdischer Friedhof Seegasse, den jødiske kirkegård i Seegasse. Seegasse hed i 1629 *Gassel allwo der Juden Grabstätte*, fra 1778 hed gaden Judengasse og i 1862 blev den omdøbt til Seegasse, opkaldt efter en tidligere fiskedam der lå her. Den jødiske kirkegård er den ældste bevarede kirkegård i Wien, hvor medlemmer af den jødiske menighed blev stedt til hvile fra 1540 til 1783. Kirkegården på 2.000 m² tjente som hovedkirkegård for den jødiske menighed. Da jøderne i Wien blev forfulgt i 1670, betalte den jødiske købmand Koppel Fränkel 4.000 Gylden, således, at byen var forpligtet til at vedligeholde den jødiske kirkegård. I 1703 blev Samuel Oppenheimer begravet på kirkegården, han var i sin tid den største og vigtigste kreditor for staten Østrig. I 1724 blev finansmanden Samson Wertheimer begravet på kirkegården. Men da kejser Joseph den Anden i 1783 forbød, at der skulle være kirkegårde indenfor Linienwall, måtte man tage den jødiske kirkegård i Währing i brug i stedet. Men på grund af den jødiske religions traditioner og regler blev kirkegården i Seegasse bevaret.

Men i 1941 besluttede den nazistiske besættelsesmagt, at kirkegården i Seegasse skulle fjernes til trods for de jødiske traditioner og regler. Man ville i stedet bygge på arealet. De satte jødiske tvangsarbejdere til at rydde området for deres medborgeres gravsten. Nogle af stenene endte ude på Wiener Zentralfriedhof, hvor man i 1980erne fandt 280 af de i alt 931 gravsten. Takket være Bernhard Wachstein, som i 1910erne havde lavet en fortegnelse over gravpladsen i Seegasse, kunne man stille de genfundne gravsten på de korrekte steder. I september 1984 kunne kirkegården i Seegasse genindvies. Indtil 2012 blev der lavet cirka 50 nye sten til kirkegården. I forbindelse med renoveringen af kirkegården har man i årenes løb fundet nogle af gravstenene fra den oprindelige kirkegård på netop kirkegården i Seegasse, hvor de jøder, som blev sat til at fjerne dem, under Anden Verdenskrig, havde gravet dem ned.

Friedhof der Namenlose
Alberner Hafenzufahrtsstraße
1110 Wien

Friedhof der Namenlose, eller de ukendte sømænds kirkegård, er beliggende ved Alberner Hafen ved Donau i 11. Bezirk, Simmering. På denne kirkegård blev der mellem 1840 og 1940 begravet folk, som er skyllet op på land, folk som man ikke kendte navnet på eller vidste hvordan de døde. Det var nemlig ikke helt ufarligt at være fisker eller sømand, det er det stadig ikke, men dengang eksisterede ikke alle de hjælpemidler eller DNA-analyser som i dag.

117

Kirkegården er opdelt i to dele, på den første del af kirkegården blev der mellem 1840 og 1900 begravet 478 ukendte døde, som var omkommet på Donau. Det var fiskere i den lille fiskerlandsby, der oprettede kirkegården, førhen var ligene blevet begravet der, hvor de var fundet og havde fået et trækors. Men den første del af kirkegården lå et sted, der ofte blev oversvømmet, derfor fandt man omkring år 1900 et område cirka 60 meter fra den første. Den anden del af kirkegården blev taget i brug i år 1900, og frem til 1931 blev der begravet 82 her. I 1932 overtog Josef Fuchs opgaven med at holde opsyn i landsbyen. Han så, at der var behov for at et kapel på kirkegården. Det første spadestik blev taget den 9. maj 1935 og den 9. oktober 1935 blev kapellet indviet af ærkebiskop Dr. Theodor Innitzer. I 1939 blev Herr Fuchs bedt om at trække i militærtøjet for den tyske værnemagt og deltage i krigen, samtidig blev den selvstændige fiskerlandsby, Albern, indlemmet i Wien, og kirkegården blev lukket med den sidste begravelse i 1940. Josef Fuchs kom i 1947 hjem fra russisk krigsfangelejr, og det første stop var på kirkegården. De efterfølgende fire år brugte Herr Fuchs på at renovere gravstederne, 102 stykker, det lille kapel blev også renoveret.

Ejendomsretten over den lille kirkegård var på dette tidspunkt overgået til byen Wien, som valgte at understøtte Herr Fuchs i hans arbejde med at vedligeholde og restaurere gravstederne. Trækorsene blev udskiftet med kors af støbejern, og Herr Fuchs fortsatte med at pleje og vedligeholde kirkegården, og han fortalte gerne om kirkegården. Josef Fuchs døde i april 1996, 90 år gammel, og blev takket for sit arbejde med fortjenstmedaljen i guld. Hans efterladte, nu barnebarnet, har overtaget arbejdet med at vedligeholde kirkegården. Kirkegården, som er et ægte insidertip, har også været benyttet i flere film og TV-serier.

FRIEDHOF DÖBLING

Friedhof Döbling eller Strauß-Lanner-Park er en cirka 8.547 m² stor park i krydset mellem Grinzinger Allee og Sieveringer Straße i 19. Bezirk, Döbling. Parken blev anlagt på den tidligere kirkegård i Döbling og åbnede i 1928. I parken er der en legeplads med blandt andet en sandkasse, gynger og vipper. Friedhof Döbling var stedet, hvor komponisterne Johann Strauss Vater (1804-1848) og Joseph Lanner (1801-1843) blev stedt til hvile. Deres kister blev gravet op i 1904 og flyttet til Wiener Zentralfriedhof, men deres oprindelige gravsten er en del af parkens mindelund.

FRIEDHOF OBERLAA
Friedhofstraße 33 • 1100 Wien

Kirkegården Oberlaa er beliggende i 10. Bezirk, Favoriten. Kirkegården er cirka 33.737 m² stor og rummer cirka 4.679 gravsteder. Den første kirkegård i Oberlaa eksisterede allerede i 1267, og lå i forbindelse med Kirche zu Laa. Kirkegården, som lå omkring kirken, skulle på grund af anvisninger fra kejser Joseph den Anden lukkes, og behovet for en ny kirkegård opstod. Derfor fandt man en grund i forlængelse med den gamle kirkegård, hvor man i 1831 anlagde den nye kirkegård. Den gamle kirkegård lukkede i 1832, og i september 1833 blev den nye kirkegård indviet. Senere samme år købte man mere jord, således at kirkegården, på sigt, kunne udvides. Denne udvidelse kom i 1851, igen i 1885 og dette skete igen i 1889. I 1938 blev landsbyen indlemmet i Wien, og i 1940 fulgte en ombygning af kapellet, det såkaldte døderum og opbevaringsrum, samt bisættelseslokale. I 1956 blev den såkaldte opbevaringshal udvidet med et lille kirkerum. I 1962 blev kirkegården udvidet til 12.437 m², og i 1979 blev der anlagt flere nye gravsteder.

HUNDSTURMER FRIEDHOF

Hundsturmer Friedhof eller Haydnpark er en 26.500 m² stor park ved Gaudenzdorfer Gürtel i 12. Bezirk, Meidling, på grænsen til 5. Bezirk, Margareten. Parken blev anlagt i 1926 på den opløste kirkegård, Hundsturmer Friedhof. Kirkegården blev anlagt i 1783 efter kejser Joseph den Anden forbød kirkegårde indenfor bymuren. I stedet blev der oprettet såkaldte kommunale kirkegårde, herunder Hundsturmer Friedhof, Sankt Marxer Friedhof, Währinger Friedhof, Schmelzer Friedhof og Matzleinsdorfer Friedhof. Hundsturmer Friedhof var den mindste af de fem kommunale kirkegårde. Kirkegården var skueplads for kampene under Oktoberrevolutionen i 1848.

Kirkegården var sidste hvilested for en lang række prominente borgere i Wien, en af disse var komponisten Joseph Haydn (1732-1809), som parken også er opkaldt efter. Joseph Haydn døde den 31. maj 1809 og dagen efter blev komponisten stedt til hvile her. Begravelsen skete i en lille sluttet kreds, og ikke en stor statsbegravelse, dette skyldes, at Wien på dette tidspunkt var besat af de franske tropper under Napoleon Bonapartes ledelse. I 1820 blev Joseph Haydns kiste gravet op og flyttet til Eisenstadt, hvor han blev genbegravet... eller det vil sige næsten... for der havde været gravrøvere på spild, som havde stjålet komponistens kranie. Joseph Haydn, som anses for at være fader til den klassiske symfoni og strygekvartetterne, men han komponerede også klaversonater og klavertrios. Joseph Haydn købte, i 1793, et hus med have i Oberen Windmühle, nærmere præcis i Unteren Steingasse 73. I 1797 fik han huset bygget om. I huset komponerede han to oratorier *Die Schöpfung* og *Die Jahreszeiten* samt seks messer til adelsfamilien Esterházy. Joseph Haydn komponerede i 1797 melodien til Kejserhymnen *Gott erhalte Franz, den Kaiser*, den østrigske kejsers hymne, som senere blev til *Deutschlandlied*, som nu er den tyske nationalhymne.

Andre prominente, som blev begravet på Hundsturmer Friedhof var Wiens første politipræsident Anton Ritter von Le Monnier (død i 1873), maleren Jakob Gauermann (død i 1843), maleren Josef Danhauser (død i 1845) samt tæppefabrikant Philipp Haas (død i 1870), de blev senere genbegravet i æresgravene på Wiener Zentralfriedhof. Det var netop åbningen af Wiener Zentralfriedhof i 1874, der førte til lukningen af de fem kommunale kirkegårde. Hundsturmer Friedhof lukkede i 1874, og i årene der fulgte blev Linienwall revet ned og anlæggelsen af ringvejen, Gürtel, blev gennemført. Kirkegården lå oprindeligt i 5. Bezirk, Margareten, men i 1907 blev det besluttet at ændre bydelsgrænsen, og den tidligere kirkegård kom til at høre under 12. Bezirk, Meidling, og det blev besluttet at skabe en park på den tidligere kirkegård.

MATZLEINSDORFER FRIEDHOF

Matzleinsdorfer Friedhof, eller i dag Waldmüllerpark, er en cirka 40.000 m² stor park mellem Landgutgasse og Dampfgasse i 10. Bezirk, Favoriten. Parken blev i 1922 anlagt på stedet, hvor den lukkede katolske kirkegård Matzleinsdorfer Friedhof havde ligget. Parken blev indviet i oktober 1923 af Wiens borgmester Jakob Reumann. Til minde om den tidligere kirkegård, har man bevaret en del af kirkegårdsmuren, et lysthus samt en pergola. Kirkegården i Matzleinsdorf blev anlagt i 1784, efter kejser Joseph den Anden i 1783 havde besluttet, at alle kirkegårde

på indersiden af Linienwall skulle lukkes på grund af hygiejniske årsager, herunder smittefare, hvis nu der igen udbrød en pestepidemi.

Som erstatning for de lukkede kirkegårde blev der oprettet fem nye kommunale kirkegårde, hvoraf Matzleinsdorfer Friedhof var en af dem. Dens areal var omkring 40.000 m², og dermed den næstmindste af de fem nye kirkegårde. I 1874 var det slut med de kommunale kirkegårde, da man havde valgt at anlægge den store centrale kirkegård, Wiener Zentralfriedhof. Kirkegården blev i 1879 lukket for fremtidige begravelser og i 1922 besluttede Wiens byråd, at de fem tidligere kommunale kirkegårde skulle omdannes til parker. Gravene blev sløjfet og flyttet, og gravstene med den største historiske eller kunstneriske værdi blev flyttet til en mindelund. I alt 100 gravsten befinder sig i dag i mindelunden, og blandt gravstene er Joseph Daniel Böhm, Nikolaus Johann van Beethoven (Ludwig van Beethovens bror) samt Ferdinand Georg Waldmüler, som man har opkaldt parken efter. Dog skal det siges, at mindelunden kun kan besøges ved forudgående aftale.

NEUE SCHOTTENFRIEDHOF

Neue Schottenfriedhof, er nu ikke så ny som navnet antyder. Kirkegården, som blev anlagt mellem 1765 og 1784, lå i Sensengasse, den daværende Totengasse, i Alsergrund, 9. Bezirk. I nærheden af kirkegården lå flere hospitaler, og på grund af høj dødelighed på hospitalerne, blev der netop anlagt flere kirkegårde i området. Udover Neue Schottenfriedhof var der også en kirkegård i nærheden af det spanske hospital i Boltzmannstraße, en kirkegård ved de fattiges hospital, Bäckenhäusel, samt en kirkegård i området, hvor man i dag finder Arne-Karlsson-Park, som i perioder også blev benyttet som lazaret.

Efter kejser Joseph den Anden i 1783 gennemførte en række af reformer, som også kaldes for *Josephinischen Reformen, de Josephske reformer,* hvor kirkegårdene indenfor Linienwall blev nedlagt, blev der i stedet for anlagt en botanisk have i forbindelse med Josephinum, det medicinsk-kirurgiske militærakademi, hvor der blandt andet blev plantet alpine planter, der alle, herunder giftige planter, er at finde i den østrigske natur, men der blev også plantet læge- og nytteplanter. I forbindelse med byggeriet af en underjordisk parkeringskælder i Sensengasse 1-3, blev der fundet mindst 400 skaktgrave samt resterne af hvælvinger fra en mindre kirke. De jordiske rester, der blev fundet under byggeriet, blev nøjsomt gravet op og genbegravet på Wiener Zentralfriedhof.

SANKT MARXER FRIEDHOF
Leberstraße 6-8 • 1030 Wien

Sankt Marxer Friedhof blev grundlagt i 1784, men lukkede i 1874, da den store nærliggende Wiener Zentralfriedhof åbnede. Kirkegården blev etableret som følge af kejser Joseph den Andens reformer, der skabte overgangen til oplysningstiden. Kejser Joseph den Anden havde besluttet, at der ikke måtte være kirkegårde indenfor Wiens bymure, derfor blev der anlagt fem kirkegårde udenfor bymuren, hvoraf Sankt Marxer Friedhof var en af dem. Kejseren havde desuden besluttet, at alle begravelser skulle være så simple som muligt, og alle kister skulle genbruges. Den afdøde blev ført til graven i en kiste, hvorefter personen kom i en fællesgrav ved at åbne en lem i kistens bund. På kirkegården er Wolfgang Amadeus Mozart begravet, dog ikke i en stor pompøs grav, men i en massegrav, som beskrevet. Man ved ikke med sikkerhed, hvor på Sankt Marxer Friedhof Wolfgang Amadeus Mozart er stedt til hvile, men der blev i 1855 opstillet en gravsten på det sted, hvor man formoder, at han er begravet. Siden hen er der oprettet en æresgrav for Mozart på Wiener Zentralfriedhof, men det er uden hans jordiske rester.

På kirkegården kan man også finde gravstedet for opfinderen af symaskinen, Josef Madersperger (1768-1850), arkitekt Peter von Nobile (1774-1854), arkitekt Joseph Georg Kornhäusel (1782-1860) samt eventyrer og rejsebogsforfatter Ida Pfeiffer (1797-1858). Navnet Sankt Marxer Friedhof, eller Sankt Marx, stammer fra den hellige Sankt Markus og har absolut intet med Karl Marx at gøre. På kirkegården er der cirka 6.000 gravsteder, som alle stammer fra årene 1784 til 1874.

I de døende dage af Anden Verdenskrig i 1945, var kirkegården kampplads mellem soldater fra den sovjetiske Røde Hær og soldater fra det tyske SS under Slaget om Wien. Kirkegården var i månederne før blevet ramt af flere bomber, som havde ødelagt området. Kort efter krigens afslutning blev området sat i stand, og fra den 3. august 1946 havde offentligheden atter adgang til den tidligere kirkegård. I 1957 kom der planer frem om, at Landstraßer Gürtel skulle forlænges og gå via den nordlige del af kirkegården, det førte til, at den nedlagte kirkegård blev formindsket med cirka 1.500 m², og flere historiske gravpladser måtte vie pladsen. Blandt de berørte gravpladser tilhørte teglindustrimanden Heinrich von Drasche-Wartinberg. Da man år senere ønskede at anlægge motorvej A23, blev der igen taget et stykke af kirkegården, dog kun et mindre areal i den sydlige del af kirkegården. Her kunne man nøjes med at flytte tre historiske gravpladser nogle få meter. Den tidligere kirkegård er i dag cirka 60.000 m² stor, der oprindeligt rummede cirka 8.000 gravsteder, heraf er 5.635 gravsteder bevaret. Kirkegården har siden 1937 været en park, og er i dag fredet. Til trods for, at kirkegården befinder sig i nærheden af stærkt trafikerede veje, heriblandt en motorvej, så er der idyllisk og ro på kirkegården. Det er ikke tilladt at medbringe hunde eller cykle herinde. Rundt langs med kirkegårdens stier og veje er der opstillet bænke. Indgangen til kirkegården sker via Leberstraße 6-8, hvor man til højre kan se et to-etagers vagthus, til venstre kan man se et tomt areal med en informationstavle, det var her det tidligere lighus stod. Her skulle kisterne opbevares i op til 48 timer før en bisættelse, for at formindske risikoen for at begrave formodentlige skinddøde.

SCHMELZER FRIEDHOF

Schmelzer Friedhof, eller Märzpark, er en cirka 16.000 m² stor park i 15. Bezirk, Rudolfsheim-Fünfhaus. Parken blev anlagt i 1925 på en del af den nedlagte kirkegård, Schmelzer Friedhof. Da kirkegården blev nedlagt blev resterne af de døde gravet op og genbegravet på enten Wiener Zentralfriedhof eller på Baumgartner Friedhof. Store dele af den tidligere kirkegård blev bebygget, mens en del blev omdannet til en park. Parken blev indviet i 1928, og er opkaldt efter Martsrevolutionen i 1848, da der på kirkegården blev begravet 35 personer, som døde under revolutionen. Disse 35 personer blev i 1888 flyttet til Wiener Zentralfriedhof. Ved siden af parken opførte man i 1958 hallen Wiener Stadthalle, og i 2004 blev der under parken bygget

Wiener Zentralfriedhof

en parkeringskælder, og i den forbindelse redesignede man parken med legepladser og boldplads. Midt i parken finder man udluftningskanalen til parkeringskælderen, der er forklædt som en rosenpyramide.

SÜDWESTFRIEDHOF
Wundtgasse 1 • 1120 Wien

Südwestfriedhof er en kommunalt ejet kirkegård i 12. Bezirk, Meidling. Kirkegården er en af Wiens hovedkirkegårde og den næststørste kirkegård, kun Wiener Zentralfriedhof er større. Kirkegården er delt i to, som er adskilt af Wundtgasse. Kirkegården er 241.828 m² stor og rummer cirka 25.671 gravsteder. Man besluttede at anlægge en stor og ny kirkegård i nærheden af Hetzendorfer Kirche i 1919. Planerne blev tegnet af Karl Seidl. Den første begravelse fandt sted den 6. juli 1921. I 1960 blev der anlagt et krigsgravsanlæg med plads til 403, der var døde under Anden Verdenskrig, som indtil da havde været begravet i haven ved et plejecenter i Lainz. I forhold til antallet af æresgrave på Südwestfriedhof er der blot 11. I æresgravene er der blandt andet begravet atleter, forfattere, grafikere, skuespillere og politikere, der er komplet ukendte for os danskere.

TIERFRIEDHOF
Anton-Mayer-Gasse • 1110 Wien

Overfor hovedindgangen, port 2, til Wiener Zentralfriedhof finder man Wiens første og hidtil eneste dyrekirkegård. Kirkegården åbnede i 2011, og er cirka 2.500 m² stor.

WIENER ZENTRALFRIEDHOF
Simmeringer Hauptstraße 234
1110 Wien

Wiener Zentralfriedhof er den største kirkegård i Wien, og en af de største i verden. Den er godt 2,5 km² stor og rummer godt 330.000 gravpladser, som er fordelt på forskellige afdelinger, herunder den jødiske, ortodokse, den protestantiske, islamiske og buddhistiske samt en lang række æresgrave, præsidentgravsteder, krigsmindesmærker og krigsgravsteder, den mest makabre afdeling er afdelingen med børnegravene. Kirkegården rummer blandt andet en lang række bygningsværker, herunder Karl Borromäus Kirken, *(læs mere om kirken på side 27 i denne bog)*, samt Begravelsesmuseet. Jo, sådan et museum findes der også, *læs om Begravelsesmuseet på side 130 i denne bog.*

Det var engang forbundet med prestige i at blive begravet på Wiener Zentralfriedhof. Mange velhavende familier anskaffede sig derfor et familiegravsted, og allerhelst i nærheden af æresgravene. Blandt æresgravene finder man en lang række komponister, arkitekter og musikere, blandt dem er Beethoven, Strauss - både Strauss Vater og Strauss Sohn - Brahms og Schubert. Wolfgang Amadeus Mozart har et mindesmærke her, men er ikke begravet her, det er han derimod på Marxer Friedhof, som man i øvrigt kommer forbi med sporvognen på vej til Wiener Zentralfriedhof. Musikeren Udo Jürgens har fundet sit sidste hvilested her, og det har den danske arkitekt Theophilus E. von Hansen også.

Da man gik i gang med planlægningen af Wiener Zentralfriedhof var der lidt forventninger om, at Wiens tiltagende vækst ville fortsætte, og at man i slutningen af det 20. århundrede ville have en metropol med mindst fire millioner indbyggere. Derfor pegede bystyret på flere egnede grundstykker, men valgte, grundet geologiske undersøgelser, at købe en grund i Kaiserebersdorf og to mindre grunde i den nuværende bydel Simmering, i den sydøstlige del af Wien. I 1870 blev der udskrevet en arkitektkonkurrence, som arkitekterne Karl Jonas Mylius og Alfred Friedrich Bluntschli fra Frankfurt vandt. Kirkegården blev anlagt fra 1871 til 1874, men allerede i 1873 måtte man tage et stykke af den nye kirkegård i brug, da den nærliggende Sankt Marxer Friedhof var fyldt og de andre kommunale kirkegårde var tæt på det samme. Men allerede da man gik i gang med planlægningen af den nye kirkegård, der blev det besluttet, at alle trosretningerne indenfor kristendommen skulle kunne anvende kirkegården, desuden blev der lukket op for muligheden for, at andre trosretninger kunne få deres egne afdelinger på Wiener Zentralfriedhof.

Da kirkegården skulle være for alle trosretninger, førte det til, at Wiens bystyre afviste at give kirkegården en religiøs indvielse. Det førte naturligvis til protester, særligt i de katolske kredse, da nyheden om, at det jødiske trossamfund havde betalt et større pengebeløb for at få deres egen afdeling på kirkegården. Protesterne førte til, at man tillod delvise religiøse indvielser af kirkegården, men en direkte kirkelig indflydelse og forvaltning af kirkegården blev udelukket. Men det var ikke nok til at stoppe protesterne, derfor indgik den katolske kirke en aftale med Wiens borgmester, Cajetan Felder, og en tidlig morgenstund den 30. oktober 1874 foretog Kardinal Rauscher i stilhed en religiøs indvielse af kirkegården. Dagen efter, den 1. november 1874, blev kirkegården åbnet og senere samme dag blev Jakob Zelzer fra Josefstadt, begravet som den første på den nye store Wiener Zentralfriedhof. Hans gravsted findes stadig.

Der var ofte kritik af den nye kirkegård. Den lå langt udenfor det daværende Wiens bygrænse. Transportmulighederne derud var elendige. Den var ikke særlig populær blandt befolkningen. Der manglede træer og anden bevoksning og der manglede bygninger på kirkegården. Derfor besluttede bystyret i Wien, at kirkegården skulle gøres mere attraktiv, blandt andet ved at etablere æresgrave, man overførte de jordiske rester fra talrige prominente personligheder fra andre kirkegårde, såsom Ludwig van Beethoven samt

Franz Schubert, der oprindeligt var blevet begravet på Währinger Friedhof.

I 1910 blev Karl Borromäus Kirche, tegnet af Max Hegele, opført centralt på kirkegården. Et andet problem som bystyret, måske ikke lige havde tænkt på, da de planlagde kirkegården, var den lange vej fra byen til kirkegården. Wien var en by, hvor der døde hundredevis af mennesker hver uge, så trafikken på Simmeringer Hauptstraße var ofte præget af lange begravelsesoptog, hvor transporten skete med hestevogn. Det var ikke alle borgere der var glade for at blive konfronteret med døden hver dag. Selvom man forsøgte at finde en løsning for ligtransporterne fortsatte hestetransporterne frem til 1918, hvorefter man benyttede sporvognen til transporten til kirkegården, inden man i 1925 for første gang indsatte en motoriseret rustvogn.

Tiden lige før Anden Verdenskrig, særligt på Krystalnatten den 9. november 1938, samt tiden under krigen, satte sine tydelige spor på kirkegården. Den jødiske ceremonihal blev sprængt i stykker på Krystalnatten og adskillige jødiske gravsteder blev ødelagt. I årene 1938-1945 blev mange modstandsfolk henrettet i Wien, de blev stedt til hvile i fællesgrave på Wiener Zentralfriedhof. De pårørende fik ingen informationer om begravelsen, hverken tidspunkt eller sted. Dette skyldes, at forvaltningen for begravelser havde fået ordre om ikke at videregive disse informationer. Begravelserne fandt sted på et lukket område og altid under politiets overvågning. Efter krigen blev modstandsfolkenes fællesgrave, i område 40, fredet og gjort til mindested. Man formoder, at cirka 400 modstandsfolk er begravet i fællesgrave på kirkegården.

I forbindelse med kampene i Wien

Fællesgrav på Wiener Zentralfriedhof

125

i april 1945 mellem den Røde Hær og de tyske tropper var der en række bombardementer og skyderier i nærheden af kirkegården. Blandt andet blev kuplen på Karl Borromäus Kirken ramt af en brandbombe, men blev renoveret i 1950erne. Ved mindesmærket for de henrettede modstandsfolk finder man et fællesgravsted for de over 400 bombeofre fra årene 1944 og 1945. Men der er flere andre mindesmærker og krigsgrave på kirkegården til minde om de mange ofre for Anden Verdenskrig. Helt frem til 1990erne var man stadig i gang med at restaurere den jødiske afdeling på Wiener Zentralfriedhof. Den jødiske ceremonihal blev aldrig genopført, og i dag kan man opleve en brakmark, der hvor den oprindeligt lå.

Wiener Zentralfriedhof er beliggende i bydelen Simmering i udkanten af Wien. Fra Staatsoper kan man tage sporvogn 71 til kirkegårdens port 2, Tor 2. Kirkegården er så stor, at det vil tage alt for lang tid at nå hele vejen rundt til fods, derfor kører der, som en service, en bus rundt på kirkegården, hvor der er flere stoppesteder undervejs. Den kører fra pladsen ved Hovedport 2, hver halve time. Desuden kan pårørende, mod at betale et betale et mindre gebyr, få en tilladelse til at køre rundt i bil derinde. Hvor folk tidligere ikke syntes om Wiener Zentralfriedhof, er kirkegården i dag en af de mest benyttede i hele Wien, muligvis grundet, at begravelserne her er billigere end på andre af byens kirkegårde. På

kirkegården finder man også bistader, som hvert år producerer cirka 80 kg honning.

ANDRE TROSRETNINGER

De fleste af gravpladserne på hovedkirkegården, som er den største, består af katolske gravpladser. Men der findes også gravpladser for andre trosretninger. Den protestantiske afdeling samt den nye jødiske afdeling er adskilt fra resten af kirkegården med egne porte udefra. De andre trosretningers gravpladser er små enklaver fordelt rundt på selve hovedkirkegården.

DEN BUDDISKE GRAVPLADS

Siden 2005 har det været muligt for buddhister at blive begravet i deres egen buddhistiske afdeling på Wiener Zentralfriedhof. Gravpladsen er tegnet af arkitekten Christof Riccbona, som også er arkitekten bag parkanlægget Park for ro og kraft, der også er at finde på Wiener Zentralfriedhof.

DEN PROTESTANTISKE KIRKEGÅRD

Allerede i 1858 havde det protestantiske trossamfund deres egen selvstændige kirkegård i Wien, den lå i den daværende bydel Matzleinsdorf, som i dag er en del af 5. Bezirk, Margareten. Da Wiener Zentralfriedhof åbnede var kirkegården i Matzleinsdorf tæt på at være fyldt, men bystyret afslog at lade menigheden udvide den eksisterende kirkegård. De var derfor nødt til at anlægge en ny kirkegård et andet sted. Derfor besluttede menigheden at købe et seks hektar stort areal, der grænsede op til den østlige del af Wiener Zentralfriedhof. Kirkegården blev indviet i 1904, men er ikke som resten af Wiener Zentralfriedhof ejet af Wiens byforvaltning, det er en selvstændig kirkegård, der forvaltes af den protestantiske menighed.

DEN ISLAMISKE GRAVPLADS

Siden slutningen af det 19. århundrede er muslimer blevet begravet på Wiener Zentralfriedhof. Men det var først i midten af 1970erne, at de fik deres egen muslimske afdeling. Senere er der kommet endnu en muslimsk afdeling til samt en islamisk-egyptisk afdeling. Alle gravene i denne afdeling er, som Koranen foreskriver, rettet mod Qibla, der er muslimernes bederetning, som er fastsat til at være mod kaba'en i Mekka, Saudi-Arabien. Men da man er ved at nå kapacitetsgrænsen på Wiener Zentralfriedhof, har det islamiske trossamfund haft deres egen begravelsesplads i Liesing siden 2001.

DEN JØDISKE KIRKEGÅRD

Det jødiske trossamfund var de første, der fik lov til at få deres egen gravplads på Wiener Zentralfriedhof, det var i 1879 og den lå i den vestlige del af kirkegården. Men i 1916 var gravpladsen fyldt, derfor fik de tildelt en ny afdeling på Wiener Zentralfriedhof. Under Anden Verdenskrig ramte en bombe under et luftangreb ved en fejl den gamle jødiske begravelsesplads. Det formodes, at cirka 3.000 gravpladser blev ødelagt. Efter krigens afslutning forfaldt den jødiske begravelsesplads grundet manglende vedligehold og for få medlemmer til at betale. I 1991 blev der dannet en forening, som gik i gang med at restaurere gravstederne og vedligeholde området. Den gamle jødiske afdeling rummer gravpladser for flere personligheder, såsom Arthur Schnitzler, Friedrich Torberg, Gerhard Bronner samt Viktor Frankl. På den nyere jødiske afdeling er blandt andre Otto Soyka begravet. Den jødiske afdeling på Wiener Zentralfriedhof er den næststørste efter den katolske afdeling.

DE ORTODOKSE BEGRAVELSESPLADSER

Allerede i maj 1895 blev der på Wiener Zentralfriedhof indviet en kirke til den hellige Lazarus, som lå i den nye russisk-ortodokse afdeling. Udover de russisk-ortodokse gravpladser, er der desuden indviet jord til den bulgarsk-ortodokse kirke, den græsk-ortodokse kirke, den koptiske kirke, den rumænsk-ortodokse kirke, den serbisk-ortodokse kirke samt den syrisk-ortodokse kirke.

PRÆSIDENTGRAVE

Foran Karl Borromäus Kirche finder man præsident-gravkammeret, den såkaldte Präsidentengruft, hvor Østrigs præsidenter er blevet bisat med ære siden 1951. Den første, der blev bisat her, var præsident Karl Renner, præsident 1945-1950, der døde i 1950. Oprindeligt var gravkammeret kun tiltænkt Karl Ren-

Ludwig van Beethovens gravsted på Wiener Zentralfriedhof

ner, derfor står hans navn på det stensarkofag i midten af det runde anlæg. Navnene på de øvrige præsidenter, der er bisat her, er nævnt på en mindetavle samt ved anlægget, hvor præsidenternes kister befinder sig. Tre af præsidentfruerne, Hilda Schärf (gift med Adolf Schärf), Aloisia Renner (gift med Karl Renner) og Margarethe Jonas (gift med Franz Jonas) er stedt til hvile ved siden af deres ægtemænd. Statsbegravelser og statslige begravelser arrangeres, organiseres og betales af Forbundsrepublikken, disse er forbeholdt forbundspræsidenter, forbundskanslere samt Nationalrådets præsident. Hvis en af disse dør, mens de stadig sidder i deres embede, får de en statsbegravelse, men hvis de dør senere, får de en statslig begravelse. Dette betyder, at Karl Renner, Theodor Körner, Adolf Schärf, Franz Jonas og

Thomas Klestil, der alle døde, mens de besad deres embede, blev statsbegravet. Mens Rudolf Kirchschläger og Kurt Waldheim samt forbundskanslerne Leopold Figl, Julius Raab, Alfons Gorbach, Bruno Kreisky samt Fred Sinowatz fik en statslig begravelse. Josef Klaus er dog ikke begravet i Præsidentgravene, da han ønskede at blive begravet i familiens gravsted.

ÆRESGRAVE OG HÆDERSGRAVE

Da man tilbage i 1885 startede med at indrette æresgrave på Wiener Zentralfriedhof skyldtes det, at man ønskede, at gravsteder med afdøde prominente personligheder kunne være med til at gøre kirkegården populær. I 1954 begyndte man desuden at etablere såkaldte hædersgrave, som er til personer der ikke

Præsidentgravene på Wiener Zentralfriedhof

129

regnes for at have gjort en særlig samfundsmæssig indsats, som man skal have gjort for at få en æresgravplads, mens hædersgravpladsen er en anden form til at hædre en række personer. Der findes omkring 250 æresgrave og mere end 600 hædersgrave på Wiener Zentralfriedhof. For at få en hædersgravplads skal man eksempelvis have været musiker. Man finder Wolfgang Amadeus Mozarts gravmindesmærke blandt æresgravene, der ikke er hans egentlige gravsted, da han i sin tid blev begravet på Sankt Marxer Friedhof.

BEGRAVELSESMUSEET

Simmeringer Hauptstraße 234
1110 Wien
www.bestattungsmuseum.at

Wienerne har et særligt forhold til døden, det er måske derfor, at de har et museum omkring døden og begravelser. Museet er beliggende ved Wiener Zentralfriedhof Hovedport 2, Tor 2. Museet beskæftiger sig med begravelsens historie og de traditioner der hører med. Begravelsesmuseet drives af bystyret Wiens eget begravelsesfirma. På museet kan man se mere end 250 genstande, som uniformer, dokumenter, hestevognen der transporterede ligene af den dræbte Franz Ferdinand og hans hustru hjem fra Sarajevo i 1914 samt fotografier og filmklip, som stammer fra arkiverne under Begravelses- og Kirkegårdsetaten under Wiens bystyre. Den nok mest kuriøse udstillingsgenstand

på museet er en genbrugskiste fra omkring år 1784. Genbrugskiste... ja det er korrekt. Den var konstrueret sådan, at bunden kunne åbnes, således at det kun var den afdøde der kom ned i graven, hvorefter kisten så kunne genbruges til den næste. Ideen med genbrugskister kom fra den sparsommelige kejser Joseph den Anden. Desuden kan man se indbydelsen til Ludwig van Beethovens begravelse.

WÄHRINGER ORTSFRIEDHOF

Währinger Ortsfriedhof, eller Währinger Schubertpark, er en park på cirka 14.000 m² ved Währinger Straße mellem husnummer 123 og 123 A, i 18. Bezirk Währing. Parken blev anlagt på den tidligere kirkegård Währinger Ortsfriedhof. Oprindeligt blev de afdøde i Währing, Weinhaus, Gersthof og Pötzleinsdorf begravet rundt om kirken St. Gertrud. Da man i 1753 opførte en ny kirke, var der behov for mere plads til en udvidelse af kirkegården, men på grund af nabobygningerne og modstand fra beboerne, og da den nuværende kirkegård manglede plads, valgte man at anlægge en ny kirkegård et andet sted. Efter sognepræsten Andreas Schwarzenbach havde ledt efter en brugbar plads til en kirkegård i et stykke tid, lykkedes det til sidst at finde en grund i den nuværende Währinger Straße nummer 123. Den nye kirkegård blev indviet i februar 1769. I slutningen af 1820erne blev kirkegården udvidet. I 1837 begyndte man at mærke den første pladsmangel på kirkegården, og der blev købt en grund, der lå op mod den vestlige del af kirkegården, som blev indviet i oktober 1841. Kirkegården lukkede i april 1873, og de mest prominente gravsteder blev genbegravet på andre kirkegårde. I 1912 blev den tidligere kirkegård købt af Wiens kommune, som ønskede at omdanne kirkegården til en park. Blandt kirkegårdens prominente døde var komponister og digtere, som blandt andre Ludwig van Beethoven, Franz Schubert, Alma von Goethe (barnebarn til digteren Johann Wolfgang von Goethe), Johann Nestroy og Franz Grillparzer. Alma von Goethes kiste blev dog flyttet til Weimar i juni 1885. Ideen om at forvandle den tidligere kirkegård til en park, blev udført i 1924-1925. En del af gravene blev samlet i en mindelund, i alt 40 gravsten heriblandt finder man Ludwig van Beethoven og Franz Schuberts gravsten. Parken blev indviet af borgmester Karl Seitz i 1928, i anledningen af 100-året for Franz Schuberts død plantede et egetræ, og Währinger Mandskor, *Währinger Männergesangsverein*, plantede et Schubert-Lindetræ.

Johann Strauss Vater's gravsted   *Theophil E. von Hansens gravsted*

REGISTER

OM FORFATTEREN

REJSESKRIBENTEN (født i 1975) er tidligere rejseleder med en passion for fotografi og gode historier der fortælles med et glimt i øjet. REJSESKRIBENTEN elsker at rejse, primært i Europa, undervejs på rejserne bliver der taget mange billeder og mindre kendte steder bliver fundet. Efter rejserne, bliver billederne og historierne uploadet til blog, Facebook og Instagram. Debuterede med e-bogen 'Harzen - Heksenes Land' i 2015.

KONTAKT:

Web/blog: www.rejseskribenten.wordpress.com
Facebook: www.facebook.com/rejseskribenten
Instagram: www.instagram.com/rejse_skribenten
E-mail: rejseskribenten@gmail.com

REJSESKRIBENTEN har indhentet oplysninger fra så pålidelige kilder som muligt. REJSESKRIBENTEN kan dog ikke garantere for oplysningernes fuldstændige korrekthed, og er dermed ikke ansvarlig for følgerne af eventuelle senere ændringer. REJSESKRIBENTEN vil sætte pris på at blive gjort opmærksom på ændringer eller unøjagtigheder.

Donation til Julemærkefonden

Jeg bliver ikke rig af at skrive bøger, men jeg ved på egen krop, hvordan det er at blive mobbet og være udenfor fællesskabet. Derfor har jeg valgt, at der for hver bog der sælges, bliver der givet 5 kroner pr. solgt bog, trykt bog, såvel som e-bøger, til Julemærkehjemmet Fjordmark. Hvorfor lige det Julemærkehjem? Jo, jeg kunne godt støtte alle Julemærkehjem i Danmark, men nu ligger Fjordmark i den del af Danmark, jeg kalder min, og simpelthen fordi de kære unge mennesker, der er heldige at komme derned fortjener det, de fortjener en ny start, som jeg aldrig fik.

ANDRE UDGIVELSER

Harzen - Heksenes Land

Mit Berlin

Berchtesgadener Land - en perle i Bayern midt mellem natur og historie

Wolfgangsee - et stykke af paradis

Berlin: 30 år - 30 historier

Rejseskribenten Rejser Til... Wien

Rejseskribenten Rejser Til... Faaborg

Rejseskribenten Rejser Til... Wiens bydele

Et rejseliv med en blind passager i kufferten

Rejseskribenten Rejser Til... Wiens gader og stræder

Rejseskribenten Rejser Til... Wiens grønne oaser